Aprendendo com os Mestres

2ª Edição

*Sonia Regina Ferreira Serrano Vieira
e Manoel Antonio da Paz*

Aprendendo com os Mestres

2ª Edição

MADRAS

© 2001, Madras Editora Ltda.

Supervisão Editorial e Coordenação Geral:
Wagner Veneziani Costa

Produção e Capa:
Equipe Técnica Madras

Ilustração Capa:
Mário Diniz

Revisão:
Nilma Guimarães
Andréa da Silva Medeiros

Distribuição para todo o Brasil:
MADRAS EDITORA LTDA.
Rua Paulo Gonçalves, 88 — Santana
02403-020 — São Paulo — SP
Tel.: (011) 6959.1127 — Fax: (011) 6959.3090
http://www.madras.com.br

ISBN 85-7374-109-0

Proibida a reprodução total ou parcial desta obra, de qualquer forma ou por qualquer meio eletrônico, mecânico, inclusive por meio de processos xerográficos, sem permissão expressa do editor (Lei n.º 5.988, de 14.12.73).

Todos os direitos desta edição reservados pela

MADRAS EDITORA LTDA.
Rua Paulo Gonçalves, 88 — Santana
02403-020 — São Paulo — SP
Caixa Postal 12299 — CEP 02098-970 — SP
Tel.: (011) 6959.1127 — Fax: (011) 6959.3090
http://www.madras.com.br

*Dedico este livro
a Aparecida, amada companheira,
e também aos meus filhos Maurício,
Márcio, Zenaide e Rhá.
Agradeço, principalmente a Deus e, a
Toda Grande Fraternidade Branca e
ao Mestre do Cajado, por ter colocado no
caminho da minha vida os Mestres Júlio Gutierre e Evaristo
Bídule, que me mostraram a
grande importância da vida.
Agradecimento especial a
Irmã Lourdes Maria de Oliveira,
que me incentivou e muito me ensinou,
encontrando-se hoje na Luz.*

Agradecimentos

Agradeço a Sonia, com quem estou escrevendo este livro, que tanto me incentivou a levar um pouco do conhecimento que eu aprendi nestes 20 anos.

Manoel Antonio da Paz

Agradeço, primeiramente, a Deus a oportunidade que tive em minha vida de ter pais amorosos e sempre participantes, que me ensinaram o respeito por todas as coisas vivas, ao meu companheiro a quem amo, admiro e sou grata pela possibilidade deste momento, aos meus amados filhos... Felipe e Víctor Hugo!

Agradecimentos Especiais

A Cleide Kalil

Existiu um corpo de menina que logo após a puberdade se transformou em mulher e floresceu com a maternidade. Em seguida, vieram a escolha e a formação profissional que a tornaram uma grande psicoterapeuta e uma grande espiritualista, que muito me ensinou. Hoje é a esta Irmã, que se encontra na Luz, que agradeço a confiança, o trabalho e o estímulo, pois já me enxergava antes mesmo de mim.

Assim como a todos os profissionais e evangelizadores que fizeram parte de minha vida e contribuíram para meu despertar e constante crescimento.

Sonia Regina Ferreira Serrano Vieira

Sumário

Prefácio 11
Amigos 13

A Afabilidade 20
Aflições 21
Paz 22
Sabedoria, Conhecimento & Inteligência 24
A Alegria! 26
Constância 27
Aos Nossos Filhos 28
O Presente 29
Insensatez 31
Livre-Arbítrio 32
Equilíbrio 34
Criador & Criatura 36
Mudança 38
Renuncie o Sacrifício 40
Sonhos 41
Reflexão 43
A Distância 44
Liberdade 46
A Única Demonstração Necessária: A Presença de Deus 113
I - Conclusão 119
II - Conclusão 121
A Deus 122

Prefácio

Lembro-me de quando iniciei o grande caminho da espiritualidade, aos 28 anos de idade. Levaram-me a conhecer um orfanato dirigido pelo Mestre Júlio Gutierre, pois eu não imaginava que existisse pessoa que dedicasse a vida por seu semelhante. Então eu aprendi o significado da vida, e ele mostrou o caminho que estava preparado para mim, e me levou a conhecer o grupo espiritualista do qual fazia parte, dirigido por Evaristo Bídoli.

Ali começou a minha nova vida, e me veio a infinita certeza de possuir um dom, que todos nós temos; a transcendência de todos os atos de Liberdade. Sempre projetando para o além, a fraternidade de auxiliar o nosso semelhante.

Nestes vinte anos que dirijo o Santuário da Grande Fraternidade Branca Arcanjo Miguel, onde somos filiados à Ponte Para a Liberdade, percebi que poderia auxiliar o meu próximo, pois cada dia que passava, eu sentia uma alegria cada vez maior em viver, procurando sempre estudar e aprender, traspassando todo o conhecimento que me era transmitido.

Quando o Mestre Jesus falou do "Eu Sou", eu e a maioria das pessoas achamos que Ele falava de sua pessoa. Mais tarde aprendi que Eu Sou era o verbo do Pai, que habita cada um de nós, e que quando nos conscientizamos dessa força, que nos envolve, não existem mais barreiras que não possam ser superadas. Durante esses vinte anos, pude ver o que foi realizado por esse Cristo Interno que está em cada um de nós. Irmãos que estavam desenganados pelos médicos, com enfermidades incuráveis, irmãos obsidiados que buscavam a cura em todos os lugares, procurando alguém que tivesse varinha mágica, que resolvesse seus problemas, mal sabendo que a busca e a cura estavam dentro de si, no Santo Ser Crístico que em nós habita, por meio do qual foram curados e tornaram-se discípulos da Grande Fraternidade Branca.

Manoel Antonio da Paz

Mesmo que ainda pairasse sobre mim uma visão nãoreencarnacionista ou amplamente materialista, ainda assim não poderia dizer que meus ídolos morreram ou que as pessoas a quem tanto amei desapareceram. Não poderia viver com o sentido de jamais, de nunca mais ou para sempre.

E é com as pessoas que participam dessa mesma concepção, que definem a continuidade da alma e a possibilidade de uma nova existência, que passarei algumas horas, e enquanto nos dirigimos às últimas páginas. Passaremos dias e noites juntos, andaremos no transporte diário, nas intempéries e, finalmente, apressaremo-nos para não nos atrasarmos, pois sempre haverá alguém em algum lugar esperando por nós.

Nós, do Centro Espiritualista da Grande Fraternidade Branca Arcanjo Miguel, sabemos que dar não é uma condição, mas sim uma oportunidade contínua da máxima "Fora da Caridade não há Salvação".

Sabemos também que precisamos muito uns dos outros, para que unidos em ideal e força possamos atender a um número ainda maior de favorecidos e, assim sendo, gostaria que todo o grupo pudesse se sentir envolvido num grande abraço, especialmente nosso Presidente Manoel Antonio da Paz e sua esposa Maria Aparecida da Paz que se encontram sempre firmes e unidos neste propósito.

Sonia Regina Ferreira Serrano Vieira

Amigos

Gostaria de lembrar-lhes que talvez a pessoa mais necessitada deste livro seja eu mesma, mas se houver alguém que se identifique com as necessidades de um iniciante, talvez possamos manter um bom vínculo nas próximas páginas.

Gostaria de fazer com que esta leitura fosse a mais dinâmica e interessante possível, mas peço que me desculpem se não conseguir prender-lhes a atenção, sei que não posso agradar aos absolutistas. Aliás, não é para eles que escrevo, pois provavelmente nesse momento nada tinham o que compartilhar conosco, mas devemos lembrar-nos de que não estão muito distantes os dias em que também acreditávamos ser felizes ainda dessa forma, em que o julgamento era operante e determinante nos relacionamentos e atitudes. O que deixamos de ver neste momento? O que deixamos de ser por um bom tempo? Ou o que ainda não conseguimos ser? O que mudou? Será que se apagaram as luzes? O quarto ficou frio e escuro, não temos mais vontade de nos levantar, nada nos motiva. O que aconteceu? Será depressão? Ou apenas uma mudança de posição na vida?

Talvez, deixamos de ser absolutistas, ferimos nosso orgulho pois percebemos que o que pensávamos não é o centro do poder, a não ser do nosso poder inadequado sobre nós mesmos, do qual a única verdade que conhecíamos não nos basta mais. É preciso se lançar ao mundo e descobrir mais sobre as outras verdades existentes, se não quisermos ser consumidos por nossa própria ignorância.

A onipotência e a prepotência são forças geradoras e esmagadoras do sofrimento humano.

A onipotência nos faz crer possuidores de um tudo que não existe, senão na forma fantasiosa na qual escolhemos para viver.

A prepotência não nos permite escolhermos outro canal de atuação senão um já preconcebido, sem análise profunda e sem um desejo de interrogar-se sobre seu significado.

Meus caríssimos, minhas não são estas palavras, mas do Mestre do Cajado e da Grande Fraternidade Branca, que me instruíram. Sem Eles nada teria escrito; porém, com o Seu auxílio, comecei a trilhar a senda, a ver o mundo de maneira diferente, a ter a alegria de viver, de amar, de sorrir e de sonhar com a realidade. E aqui estou eu, escrevendo tudo aquilo que aprendi com Eles e que continuo aprendendo, pois somos eternos aprendizes — isto vos auxiliará se obedecerdes a essas palavras.

Não basta dizer que são verdadeiras e belas — o discípulo que deseja obter êxito necessita fazer exatamente o que lhe é ensinado. Olhar para o alimento e dizer que é bom não satisfaz o faminto, é necessário que ele estenda a mão e coma-o. Da mesma maneira, não basta só ouvir as palavras do Mestre — é preciso fazer o que Ele diz, atento à menor palavra, ao menor sinal, pois se uma indicação não for seguida, se uma palavra for desprezada, ficará perdida para sempre, porque o Mestre não fala duas vezes.

Ao iniciar o caminho da espiritualidade, perguntei-lhe quais seriam os princípios básicos para se tornar um discípulo, e ele me respondeu: 1.º disciplina; 2.º disciplina; 3.º disciplina, pois sem disciplina nunca alcançaremos nada.

Tentarei explicar o que o Mestre me ensinou sobre Disciplina.

Com Disciplina e Discernimento

A primeira qualidade é o discernimento, vulgarmente tomado no sentido de distinção entre o real e o irreal, que conduz o discípulo à senda. Discernimento é muito mais e deve ser praticado não somente no começo da senda, como também a cada passo que nela se dá diariamente, até o fim. Entrastes nela porque aprendestes que somente nesse caminho se podem encontrar as coisas dignas de aquisição. Os discípulos que não sabem disso, trabalham para adquirir riqueza e poder, porém esses bens são, quando muito, para uma vida somente e, portanto, irreais. Há coisas maiores do que essas, coisas reais e duradouras, e quando as tiveres visto uma vez, não mais desejarás as outras.

Em todo o mundo, há somente duas espécies de pessoas — as que sabem e as que não sabem — e o conhecimento é o que importa possuir. A religião de um homem e a raça a que pertence não são coisas de importância. O que realmente importa é o conhecimento do Plano de Deus para os homens, pois Deus tem um plano e esse plano, quem realmente o conhecer, não poderá deixar de cooperar e integrar-se nele, tal sua glória e beleza. Assim, pelo fato de possuir o conhecimento, o homem está ao lado de Deus, firme no bem e resistente ao mal, trabalhando pela evolução, sem fins pessoais.

Se está ao lado de Deus, é um dos nossos, não tendo a mínima importância se ele é hinduísta, budista, cristão ou maometano, ou se é brasileiro, inglês, chinês ou russo. Os que estão ao lado de Deus sabem por que aí se encontram, sabem ainda o que têm a fazer e, por isso, freqüentemente, agem de modo insensato, imaginando caminhos para si próprios, os quais lhes parecem agradáveis, não compreendendo que todos são um e que, portanto, somente aquilo que o Uno quer pode realmente ser agradável a todos. Hoje, na Nova Era, na qual Jesus e Kuthumi são os instrutores do mundo, tem-se a responsabilidade de unir todas as religiões, pois todas levam ao único Deus. Mas, para isso temos a necessidade de propagar cultura e conhecimento, pois vemos em muitas religiões ditadoras um Deus que castiga eternamente, que se faz imprescindível para as pessoas leigas e de coração duro, para que possam mudar sua forma de ser. Temos também modelos como Mahatma Gandhi, que era hindu, mas admirava a religião deixada pelo Mestre Jesus e sua grande frase: "Se todos os livros sacros do mundo se perdessem e só sobrasse o Sermão da Montanha, a humanidade não perderia nada". Por isso muitos conterrâneos de Gandhi achavam que ele era traidor do Hinduísmo, pois como um hindu poderia ter uma imagem de Jesus em sua casa. Quando lhe perguntavam qual era sua religião, ele dizia "Sou hindu, cristão, budista, maometano, sou todas as religiões, pois Deus é um só". Vemos que, como ele poucos estão preparados para a unificação de todas as religiões. Por isso, temos que trabalhar muito, pois enquanto as pessoas não aprenderem a distinguir entre ambos, não se colocarão ao lado de Deus, e eis por que o discernimento é o primeiro passo a ser dado.

Todavia, mesmo depois de feita a escolha, deveis lembrar-nos de que no real e no irreal há muitas variantes, e o discernimento ainda deve ser exercido entre o bem e o mal, entre o importante e o não-importante, entre o útil e o inútil, entre o verdadeiro e o falso, entre o egoísta e o desinteressado.

Entre o bem e o mal não deveria ser difícil escolher, pois os que desejam seguir o Mestre já se decidiram a seguir o bem a todo custo. Porém, o homem e o seu corpo são partes distintas, e a vontade do homem nem sempre está de acordo com a do corpo. Quando vosso corpo desejar alguma coisa, parai e considerai se realmente desejais isso. Pois sois um Deus em evolução e só quereis o que Deus quer. Necessitai, porém, penetrar fundo em vós mesmos, para encontrardes Deus em vosso interior e ouvirdes a Sua voz, que é a vossa. Não confundais os vossos corpos convosco mesmos, nem o corpo físico, nem o corpo etérico, nem o mental ou o emocional. Cada um deles pretende ser o Ego, a fim de obter o que deseja. Precisai, porém, conhecê-los e conhecer a vós mesmos como seu possuidor, mas o que vós tendes que ter mais cuidado é com o corpo emocional. O Mestre nos coloca, de forma alegórica, o que seriam esses quatro corpos: o cavalo representaria o físico, a carroça o etérico, os arreios o mental e o carroceiro o emocional, que teria a responsabilidade de segurar o cavalo para não cair no abismo.

O corpo físico é vosso animal, o cavalo que montais. Deveis portanto, tratá-lo bem, não estafá-lo, alimentá-lo convenientemente — só com alimentos e bebidas puros, nada de álcool, de carnes vermelhas — mantê-lo sempre perfeitamente limpo, sem o menor vestígio de impureza. Pois, sem um corpo perfeitamente limpo e saudável, não podeis efetuar a árdua tarefa de preparação, nem suportar os incessantes esforços no decorrer dela. Deveis, porém, ser sempre vós quem o domine, e não ele.

O corpo emocional é o que requer maiores cuidados. É como pisar na areia movediça. O corpo é o carroceiro que segura as rédeas de todos os outros corpos, é o que se ofende com maior facilidade — ouvir palavras ásperas para sentir ciúmes — que fica ávido por dinheiro, que inveja os bens alheios e cede ao desânimo. Ele quer todas as coisas e muitas outras, e para controlá-lo somente a disciplina, o discernimento. Vou dar-lhes um exemplo de um dos grandes discípulos do vosso século: Mahatma Gandhi, que apanhava dos soldados ingleses, quando lhe perguntaram se ele perdoaria aquelas pessoas. Sangrando, caído no chão, Ele disse: "Perdoar quem, se ninguém me ofendeu?". Aí está uma amostra de como deveis dominá-lo.

O corpo mental é o arreio, que deseja manter-se orgulhosamente separado e que cria os bons e os maus pensamentos. Mesmo quando o tiverdes desviado das coisas mundanas, tentareis ainda especular acerca de vós mesmos, fazendo-o pensar no vosso próprio progresso, procurando vos auxiliar, fazendo meditação e apelos, fortalecendo a mente para que vosso Mestre possa vos intuir, fazer-vos crescer e procurar ter conhecimento. Toda a sabedoria do homem está, portanto, em nunca assumir atitude negativa, mas sempre atitude positiva em face do seu corpo mental.

Com Amor e Disciplina

De todas as qualidades, o Amor é a mais importante, pois é a Força Coesiva do Universo e sem ele não existiriam outras qualidades. E para vós, meus queridos, discípulos que quereis atingir o grande desejo da liberdade da roda das reencarnações e de unificar-vos com Deus, obtê-lo-eis na medida em que vós repartirdes a vida com os que estejam sofrendo, morrendo e desejam viver, repartirdes o pão com os menos favorecidos pela sorte, repartirdes ciência espiritual com os que procuram crescer intelectualmente, repartirdes alegria com os tristes, abatidos e descrentes, repartirdes um pouco de atenção, de amizade, de calor humano com seus irmãos de caminhada.

Qual é a coisa mais importante da nossa existência?

Queremos empregar nossos dias da melhor maneira, pois ninguém mais pode viver pela gente. Então, precisamos saber para onde devemos dirigir nossos esforços e qual o supremo objetivo a ser alcançado.

Quando o homem faz tudo com sacrifício, é porque ainda não aprendeu a amar, pois quem atinge a plenitude do Amor liberta-se de todas as coisas que fazia ou faz por obrigação.

Amor é vida.

O Amor nunca falha, e a vida não falhará enquanto houver Amor. Esse sentimento está aqui, existe em nós agora, neste momento. Não é algo que nos venha a ser dado depois da morte. Ao contrário, teremos pouquíssimas chances de aprendermos sobre o Amor quando estivermos velhos, se não o buscarmos e o praticarmos agora.

O pior destino que um homem pode ter é viver e morrer sozinho, sem amar e sem ser amado. E aquele que se alegra no Amor, se alegra em Deus, porque Deus é Amor.

A Afabilidade

Podemos dizer que a afabilidade traz como companheiras inseparáveis a doçura e a meiguice que nos remetem, muitas vezes, a uma sensação angelical. O quanto necessitados somos dessas virtudes interiorizadas em nós!

Geralmente magoamos os que mais amamos quando não fazemos um bom uso de tais virtudes.

Todos os seres que se encontram à nossa volta bem como os que habitam os reinos animal, vegetal e mineral merecem nosso amor, respeito, carinho e gratidão.

Necessitamos diariamente de todos os elementais: ar, água, terra e fogo. Afinal, alguém já se preocupou com o nosso desjejum de hoje, ainda que bem longe e sem nos conhecer — arou a terra, semeou a semente, cuidou dela para que a colheita fosse farta e viajasse muito até que este grão, finalmente se transformasse em um pão quentinho em nossas mesas.

Contamos, assim, com a grande ajuda de todos os elementais como também com a afabilidade de quem se encarregou de cuidar da semente, até a condição de torná-la pronta para o consumo.

Talvez, precisemos descobrir que a afabilidade que habita cada um de nós é igual à capacidade de transformação de um gérmen de trigo.

Aflições

Não penseis, meus irmãos que o Pai Celestial não vos assiste em vossas aflições; pelas quais passai; simplesmente Ele o felicitará quando vossas aflições se transformarem em bênçãos que jorrarão de seu coração sobre as famílias.

Sabeis que não existe maior sofrimento para a humanidade que a ausência de amor, a ignorância e o descaso.

Toda a miséria é suportada, mas nada afeta mais a moral da humanidade do que a falta de afeto, que a ausência de um gesto de agradecimento, uma palavra amiga de esperança e consolo.

Porém, enquanto olhar com pena para vós mesmos, nada de melhor vos acontecerá, pois a vós foram dados o discernimento, a palavra e o livre-arbítrio.

Deveis, então, ampliar o canal de comunicação pelo qual o Pai se manifesta em vós, proferindo assim vossa própria melhora, uma vez que não há milagres nem milagreiros...é uma simples oportunidade que vos é oferecida, basta um desejo profundo.

A luz alumia a todos.

Paz

Quando o Divino Mestre Jesus, o Cristo disse: — "Eu vos deixo minha paz", gostaria profundamente que todos os homens pudessem enxergá-la como se contemplassem a linha do horizonte, pois é ao contemplando o infinito que compreendereis como são grandes as coisas das quais o Pai vos falou.

Irmãos, a grandeza da alma está em tornar praticáveis os ensinamentos do Mestre, pois como vos foi dito até hoje, nas muitas mensagens que recebestes — "não coloqueis a candeia sob o alqueire, um facho de luz serve para guiar, iluminar todos os que por ali passarem, a fim de que conheçam e recebam as maravilhas das quais todos somos merecedores e possuidores".

É ao tornardes conhecidas as coisas do Pai, por meio de vossos atos e de sua reforma íntima, que tantos outros vos seguirão, não para serem exemplos de vós, mas para serem eles mesmos representantes da Paz que o Cristo tanto pregou. Portanto, na parábola em que vos fala: "Eu não vim trazer a paz, mas a espada", queireis vós transmitirdes que para falarem em Seu nome, tereis que lutar muito uns contra os outros num mesmo lar, visto que hoje seus filhos, muitas vezes, não são seguidores da religiosidade de suas família; em outros casos, os filhos são os esteios religiosos num lar, onde seus pais blasfemam e não pensam em fazer nenhuma forma de sincronia com o Altíssimo.

Vejai, meus Irmãos, quantos de vós juntam-se a nós pelo Amor. A maioria de vocês tem-se juntado pela dor, pelo sofrimento, pelas batalhas interiores que proclamais!

O Pai vos fala sempre de forma igual, o que muda é o processo de evolução de quem o ouve.

Haverá um dia em que silenciaremos as guerras santas!

Permiti que a Paz do Altíssimo se manifeste e habite em vós neste momento e para todo o sempre!

Sabedoria, Conhecimento & Inteligência

O Saber, dom divino, estado natural da alma, é muitas vezes confundido com o armazenamento de conhecimento.

O Saber é um dom a ser desenvolvido, a ser buscado, a ser exercitado. É através da inteligência que sois propiciados a dizer o que entendestes e como codificareis o que será dito, usareis esta como intercâmbio da assimilação e da acomodação tanto do que vos vem na forma de saber, como do que vos é apresentado como conhecimento.

A inteligência é a capacidade, ou seja, a facilidade e a presteza de aprender, tornando possível o intercâmbio com o Altíssimo, desde que a sabeis usá-la em vossas atitudes sem agredir a vós e aos semelhantes.

E o que dizer daqueles que trouxeram para esta vida um transtorno na parte intelectual?

Lembrai-vos de que o que destitui o foco inteligível do raciocínio não é válido para a parte afetiva, ou seja, no que diz respeito à emoção e ao sentimento. Vedei que são portadores estes irmãos de uma sensibilidade inata e grandiosa e que tudo o que representam em suas atitudes é a forma como lhes foram ofertados o amor, o carinho e a aceitação de si mesmos.

Sabedoria é um dom, uma bagagem espiritual armazenada em nossa psiquê ou inconsciente coletivo, como queiram chamar, que por ora encontra-se encoberta sob o véu do esquecimento, mas que ao nos tornarmos desejosos far-se-à representada pelo contato da Divindade "Eu Sou".

Conhecimento é um atributo criado puramente pela inteligência humana, é um aprendizado da intenção ou informação e interpretação, a fim de poder manter um relacionamento entre os homens, para que não se perca ou extravie a história da evolução da espécie.

Quando o homem integra em seu ser e em seu mundo essa percepção, saberá então da sua força, da sua fé, de seu poder no mundo.

A Alegria!

Rainha da Alma! Vede que uma alma alegre, por mais que lhe falte no mundo da matéria, mantém sua contagiante e irradiante forma de ser inundando o coração de todos os que a circundam, como fachos de luzes dourados que sorriem para a aurora, pois sabem inteligentemente que a busca se torna acessível quando os olhos que tudo vêem contemplam e agradecem por se abrirem, na oportunidade de mais uma jornada.

Muito vos será cobrado, muito vos foi dado também, e no caminho da vossa busca tudo o que encontrastes foram muitos irmãos, com milhares de oportunidades de efetuarem suas reformas íntimas, mas que ainda não se prontificaram a aproveitá-las. Então vós que iniciastes esta jornada não deveis perder a oportunidade de crescer ainda mais e sempre louvar as coisas do Pai, porque será em nome dele que falareis e não mais no vosso.

Sereis um facho de luz que ao romper da aurora fará parte de outros milhões de raios que, unidos no mesmo ideal, propagarão as belezas celestiais das formas angelicais aqui na Terra.

Permiti que a alegria habite em vós e se espalhe ao vosso redor, cingindo todos os que amam, pois ela deverá ser a companheira inseparável de vossa alma!

Constância

Não devais imaginar a constância senão pelo amor em servir e pelo se prosternar aos pés do Pai Celestial!

Não devais colocar a constância como obrigatoriedade em vosso caminho.

Devei ser como a água que irriga a terra sedenta sempre, pois se escolhesse fazê-lo quando bem quisesse, poderia não haver flores belas para alegrar nossa alma! Constância quer dizer, "sempre firme", alguém de ânimo firme.

E é assim que devemos dar os nossos passos, por amor ao irmão que ainda se encontra em dificuldades de subsistência, até que chegue o dia em que possa se abastecer por si.

Constância quer dizer "alguém que não desiste", que independente dos obstáculos, permanece na caminhada.

Percebei como a Constância se faz importante ao nosso redor.

Aos nossos filhos...

Muito poderemos ensinar aos nossos filhos, este foi o propósito que assumimos antes de aqui chegarmos. Porém, por mais que amemos nossos filhos, há coisas que nunca conseguiremos ensinar-lhes.

Assim, reconheceremos as coisas que não conseguimos ensinar-lhes como fruto e atributo de suas próprias jornadas, seu papel evolutivo de descobrir sozinhos, trilhando seus próprios caminhos, assim como Cristo teve sua trajetória pelo calvário e não houve como desviá-lo para que esse momento não chegasse, pois se sabia também que era necessário o sofrimento.

Muitas vezes nossos filhos terão que descobrir através da dor, do sofrimento, da privação, a existência de uma verdadeira fartura e abundância divina dentro de cada um deles.

Por isso, freqüentemente, tudo que pensamos saber nada significa para nossos filhos, pois a jornada é individual e cada qual terá que se despir de seu próprio orgulho, vaidade, mágoa ou rancor, para que se dignifique no caminho da senda e descubra, assim, as Glórias do Pai e a Magia do Amor!

O Presente

Não vos afasteis das possibilidades que se encontram sob vossos pés... é de vossa responsabilidade apanhardes cada pétala de esperança que porventura alguém esqueceu adormecida ao relento... Não é ao acaso que as encontrais em vosso caminho.

E mesmo que penseis em mudar o mundo, eu lhes digo: "...Ainda assim não mudarás o mundo, apenas a vós mesmos com a possibilidade de transformação.

É no grito que se reconhece a voz humana, o pedido de auxílio, o pedido de perdão, a gratidão, a caridade... Enfim, as virtudes devem ser aprimoradas por nós mesmos, pois tudo o que fazemos para o próximo receberemos de volta em momentos subseqüentes, pois se tornarão um novo presente.

São tantos os que esperam este presente, e tão poucos os que o concebem — o entendimento das palavras de Amor do Pai — , pois sempre insatisfeitos esperam por mais e mais, nunca há algo que lhes baste, nada que lhes satisfaça, nada que lhes agrade, nem mesmo encontram alegria no viver e já não podem partilhar as mesmas vicissitude, pois em suas vidas há apenas dissabores e angústias. Transformam suas vidas em eternos pesares, suas faces abrigam velhas e amargas ilusões desfeitas com grandes cicatrizes, pois velam o amor em nome do dissabor.

Amabilidade e doçura tornaram-se virtudes extintas. Como podem ajudar alguém se eles próprios se perderam, se suas esperanças se encontram congeladas no ódio, apenas sendo necessário que as larvas de algum vulcão adormecido os despertem, não permitindo que suas próprias existências fiquem relegadas e desapercebidas do verdadeiro Amor Celestial.

Temos que fazer valer o tempo preciso de nossa existência, pois todos os dias são uma festa, encontramo-nos vivos e cheios de possibilidades que não nos cabe sufocar. Um irmão espera por nós, e não devemos nos atrasar, pois nossa travessia poderá ser a qualquer momento presente!

Empenhemo-nos cada um para formar o todo deste Universo chamado Vida!

Insensatez

A insensatez não nos leva a caminho algum, uma vez que nos destitui do senso ou da faculdade de apreciar, de julgar, de sentir e de dar sentido às nossas vidas.

Deixa-nos cicatrizes e marcas profundas pelo modo como percebemos a forma do outro se expressar, e acabamos por nos tornar responsáveis pela mazela. Além de nossa própria chaga, temos outras que fizemos em percalço próprio, pois só a nós diziam respeito.

A insensatez ou momento insano faz com que angariemos os pesares de nossas dores, confusões mentais e distúrbios emocionais.

Não deveríamos recorrer a injúrias como forma de justificativas.

Deve-se compreender a necessidade de uma alma, ou a angústia de um ser que, incompreendido, sente os pesares morais, por não saber que os maiores assoladores de sua alma são seus próprios comportamentos de insensatez.

Livre-Arbítrio

É nosso dever e nossa obrigação ter discernimento com relação a tudo o que nos cabe decidir sobre nós mesmos.

É nosso dever e obrigação pontuarmos a nós próprios sobre tais atitudes e decisões, pois são em momentos como esses que nos afastamos de nossas responsabilidades, depositando, consciente ou inconscientemente, nas outras pessoas as nossas participações, ativa ou passivamente.

O livre-arbítrio é nosso poder de decisão e de escolha, janela pela qual ainda mostramos ao mundo nossa pequenez, por meio de necessidades de atenções, reforços, orgulho, vaidade, ostentação, curiosidade etc. Lidamos, a todo momento, com a oportunidade de escolhermos o que está ao nosso lado, à nossa disposição, ou de dispormos daquilo que nossas mãos carregam ou possam carregar para ver se algo melhor ou mais exuberante e curioso nos acontece. Assim sendo, poderemos perder tudo ao nosso redor e também ficarmos sem o que pensávamos encontrar.

Somos livres para decidir sobre nossa própria vontade, sempre que, independentemente, tomarmos o leme de nosso jugo nas mãos e optarmos por algo. Uma vez feita a opção, a ação entra em vigor, ou seja, em funcionamento, e não temos mais como responsabilizar as outras pessoas por aquilo que não fizemos.

Muitas vezes, precisamos aprender a organizar nossas vidas, a fim de que não desorganizemos a do nosso semelhante. A ordem serve para enumerar as necessidades convenientes dos meios para se obterem os fins. Fica assim estabelecido um modo ou uma hierarquia. Podemos ter uma ordem hierárquica num primeiro momento e no momento seguinte, outra. Ferimos ou magoamos nossos semelhantes sempre que usamos ou lidamos com a mesma regra, por vezes seguidas, esperando que alguém sempre compreenda nossa atitude ou pretensão.

Não esqueçamos que é através de nosso livre-arbítrio que mostramos ao mundo o lugar em que ainda nos encontramos, assim como as prioridades que temos em nossas vidas, e mesmo que tentemos convencer alguém do contrário, nossas atitudes e comportamento nos dirão o quanto insólito ainda somos.

Equilíbrio

Em nossas buscas, em nossas caminhadas, muitas vezes nos perguntamos quando alcançaremos o equilíbrio.

Procuramos fora de nós, ao nosso redor, em alguém ou em alguma coisa ou situação. Sonhamos com seu encontro, e justificamos nossa pequenez com o fato de ainda não o termos encontrado.

Não estará em lugar algum senão dentro de nosso próprio "Eu", e não poderemos lhe dar forma e existência senão através de nossa própria fé, força e vontade, que são condições necessárias para exercitarmos a nossa atuação sobre nós mesmos.

Ao nos tornarmos incrédulos, impotentes diante de nós mesmos ou abandonamos nossas virtudes, nada mais poderemos oferecer à humanidade senão nossa própria ignorância.

Não existe outro meio para começarmos a não ser por nós mesmos.

É através de nosso treino que abriremos espaço para que flua a sabedoria e se exercite assim a aproximação sucessiva, atingida gradativamente.

Cada movimento que fazemos em direção à evangelização teórica e prática coloca nossa fé em atuação, pois não devemos esperar que o amanhã se descortine à nossa frente para que, então, perdidos de arrependimento, e após termos resolvidos, em pesadelos clamemos uma nova oportunidade!

Se gostamos de nosso segmento, se nele há uma identificação profunda, algo que nos assegure em nossa fé, não contactuar com a prática será viver em eterna ignorância, insolente, imune à propagação do verdadeiro Amor, do Perdão e da Harmonia. Comecemos por

nós mesmos. Coloquemos o nosso Equilíbrio como evidência de nossa escolha, de nossa atuação nesta vida!
Sede firmes!
Sede fortes!
Sede atuantes, para que cada um que vos enxergar também deseje trilhar seu próprio caminho em busca de seu Cristo Interior!

Criador & Criatura

Mesmo que um homem estivesse na trilha do deserto do Arizona, no Monte Evereste, na Chapada dos Guimarães, ou ainda que fitasse a imensa vastidão azul no Himalaia, nada seria sem que lhe aprouvesse a Inteligência de seu Criador.

O Criador é fecundo e infinito. Afinal, aquele que cria, que pode imaginar, que dá origem à forma e existencializa as idéias não poderia ser finito, pois Deus promove a procriação de seus filhos na espécie que são, assim como coloca em ação a renovação de seus sentimentos.

Como Criatura que somos, ou seja, coisa criada por um Pai Celestial, trazemos uma unicidade com nosso Criador, e assim podemos dizer que uma fagulha infinita que nos torna "Um com o Pai" habita dentro de nós. Sabemos que o Criador jamais abandonaria suas Criaturas, porque um pai não abandona seus filhos, porém o filho, por amor ao pai e na intenção de ser educado e de vir a proferir o verbo de seu pai, junto a este fará seus passos, e entregará sua alma, seu trabalho e sua glória, assim como também a lição não aprendida, porque sabe que o pai estará sempre à sua espera para lhe ensinar o que ainda não aprendeu.

Não é Deus que nos pune, mas sim nosso orgulho e nossa vaidade que nos impede de sermos sinceros e verdadeiros ao pedir ou clamar mais uma oportunidade.

O pensamento é uma prece. O pensamento é um pedido.

Saibamos pedir para que possamos receber, pois nada nos é dado sem que tenhamos condições de suportar ou nos empenhar por resolver.

Só depende de nós.

Avante Irmãos de jornada, pois nos encontramos todos de mãos dadas. Há quem já tenha feito alguns passos à nossa frente para nos mostrar os perigos de não termos ouvidos para ouvir — caminhai e ouvi a voz de seu Criador, ela fala de dentro de vós e mora em nosso coração.

Mudança

Muitos ainda têm uma forma errônea de pensar e programar suas vidas.

Vemos a vida, principalmente o presente e o futuro, como algo rígido, fixo, imóvel, um todo sempre igual; sem perceber matamos todo belo existente em cada momento — seja em nós, em nossos semelhantes e em tudo o que se fizer todos os dias ao nosso redor.

Pensando assim não visualizamos o novo, o diferente ... ou simplesmente, a borboleta que beija uma flor, não fará sentido algum para nós. Não há nessa forma de pensamento algo que justifique belo fazer um intervalo no cotidiano, suspendendo o olhar e agradecendo ao espetáculo maravilhoso de ver um dos encontros do Criador com a criatura.

Não podemos continuar a pensar que todos os dias são iguais, isto seria o mesmo que armazenar as mudanças que dependem de nosso livre-arbítrio impedindo que ocorram e, assim, façamos o nosso caminho na escala evolutiva.

Mesmo se não quisermos agir desta ou daquela forma, a única grande certeza é de que a vida é mutável: mudamos da noite para o dia, do verão para o inverno, da infância para a juventude, da juventude para a idade adulta e desta para a senilidade seguida da morte que ainda nos transforma mais uma vez em espíritos livres.

Viver as mudanças do presente com responsabilidade, disciplina, maturidade e segurança é ter a possibilidade de se dispor de vários "presentes" felizes, consagrados de amor, paz, alegria e harmonia em vós, à volta vossa com seus familiares, onde se inicia a verdadeira caridade, pois somos unidos ao núcleo familiar, muitas vezes, para aprendermos a conviver com fatos que rejeitamos em outras vidas e que se tornaram situações de conflito no presente momento. Esquecemo-nos que assumimos este compromisso, e são mudanças tão imperiosas e preciosas que temos de admitir que sejam feitas senão por nós mesmos, mas pelo Cristo que habita em nós em primeiro lugar — este é o nosso verdadeiro compromisso.

Permiti que as mudanças que possam ocorrer em vossas vidas sejam as mais belas e benéficas, para que possais atingir tudo o que vos comprometestes com vós mesmos.

Renuncie o Sacrifício

Tudo que fizerdes com amor e abnegação entregareis aos pés do Pai como dádivas de vossas obras.

Não queirais vos colocardes aos pés daqueles que vos amam e nada vos pedem, ou dos que julgam, pelas vossas falhas, o sofrimento, o martírio e o tormento de vossos joelhos feridos a pedir-lhe ainda que alivie a dor.

Deus não vos pede sacrifícios, não vos pede promessas, não vos pede que renunciais àquilo que aprendestes e que não serve mais para vós.

Não sejais o filho ingrato que precisa pôr à prova, a todo o momento, o amor e o carinho dos quais o Pai vos fala.

É uma avareza da mente humana achar que Deus necessita barganhar seu amor aos seus filhos, enviando-lhes penitências enormes para que sejam merecedores do bálsamo de que tanto necessitam, parecendo incrédulo de Vosso Amor!

O Pai deseja, simplesmente, que nos amemos e que possamos propagar seu amor em nosso viver diário, levando-o assim para aquele que ainda não o conhece com Força, Luz, Poder, Sabedoria, Pureza, Verdade, Cura, União, enfim, Liberdade e Transformação!

Ele vos fala em todos os momentos, mas não permitais que suas palavras sejam iguais às sementes que caíram nas regiões pedregosas ou nos espinheiros. Deveis deixar que as coisas do Pai criem raízes profundas em vós assim como o destino das sementes que caíram na boa terra.

Colhereis, assim, tudo o que semeardes!

Sonhos

Amigos de jornada, não permitais que os sonhos que povoam vossa mente sejam influenciados pelos que povoavam vossa alma.

Nada que tenhais vivido, nesta e noutras existências, foi de forma alguma insignificante; todas as experiências acrescentaram-se ao saber da alma, porém, existem conhecimentos que mesmo que tomásseis consciência deles, de nada vos favoreceriam a não ser pelo senso de orgulho, vaidade e curiosidade.

As provas que viveis hoje nada mais são que os espinhos dos quais vosso espírito, quando liberto da matéria, escolheu para o resgate da vida errante, ou seja, são carmas assumidos. A lucidez dessa consciência nada vos favorece, uma vez que não podeis mudar a realidade que aponta à vossa frente, senão através do amor e da compreensão, e não mais pela dor. Assim sendo, de nada adiantaria voltar ao passado, uma vez que este não serve para consertar os erros do presente. O mundo passado não existe mais, como também suas conseqüências e tudo o que encontrais em vosso caminho hoje, que pertença a alguma situação passada, deverá ser convertido, transformado no fortalecimento que vossa alma receberá para ter força de viver o presente.

Eis, amigos, por que muitas vezes não vos é concedida a exatidão de fatos anteriores a esta vida, mas apenas vagas e inseguras lembranças mnêmicas, para que prossigais em vossa tarefa, importando muito mais o vosso livre-arbítrio, o senso moral e a fé, e sabendo que ao tempo exato tudo o que vos for necessário acontecerá, naturalmente, sem a visão do maravilhoso ou do magnífico com que olhais hoje.

Entregai-vos à vossa Divindade, mas não vacileis nas escolhas que dependem de vós, assim como em tudo que puderdes aprimorar vossos conhecimentos e estudos, principalmente na reforma íntima da qual obtereis a evolução, a verdadeira alegria de ser e viver!

Reflexão

Nas trilhas do caminho da vida, existem muitas formas de se caminhar.

Deixai vossos pés livres e soltos para que possais atingir a sensibilidade de pisar sobre a terra e sentir dela toda a energia emanada, tocá-la convosco e expandi-la em torno de vós.

Não temais ser livres como seus pés, pois essa é a forma de sentir e conhecer vossos caminhos. Deixai que eles vos conduzam a uma nova velha forma de saber, posto que, à medida que andardes fareis vosso caminho.

Na construção da vida... do pensamento... na edificação das obras é semelhante ao artesão, que esculpe sua obra dando forma, ao que enxerga mentalmente, intuitivamente, traspassando a arte de criar, imaginar e dar formas concretas a vida semelhantes à Inteligência do Criador.

A Distância

A inércia é uma força paralisadora, bloqueadora de energia, na qual falta atividade e ação.

Quando alguém se encontra sob o domínio dessa força, pouco pode produzir em termos de pensamentos, de atitudes e, possivelmente, seus sentimentos também não sejam reavaliados. Conseqüentemente, nada muda e tudo se torna um fardo pesado demais, opressivo e desestimulador.

Mas, ao percebermos qual é a causa de tamanha infelicidade, devemos lançarmos no caminho, rumo à Sabedoria e a Fé, que fortificará nosso espírito e dará nova direção aos nossos pensamentos e forma de viver.

A distância que nos separava de Deus poderá ser superada em fração de segundos, a partir do momento que desejarmos com o Pai nos harmonizar.

Lembremo-nos de que o homem não vive sem água, e mesmo que tenha muito trabalho para apanhá-la e deva economizá-la, ainda assim terá necessidade dela para viver.

O mesmo ocorre com a energia do Pai: mesmo que se pense que pouco se pode conseguir, o melhor é colocar os pés na estrada e caminhar para armazená-la novamente, a fim de que não a represemos jamais; A Fartura de Deus é disposta sob as mais diversas formas para que possamos contemplá-la — e é tão simples olhar para o sorriso de uma criança, para o vento que sopra, para o nascer do sol todos os dias, e mesmo quando não o vemos, não significa que não tenha nascido, pois ele jamais deixa de brilhar. É como a noite: as estrelas jamais abandonam o céu, é o milagre nosso de cada dia, é a forma de Deus nos falar Bom-Dia! Boa Noite! É a forma de percebermos sua magia no ar e é uma pena que muitos ainda não saibam reconhecê-la. O mais importante é estar no caminho. E o mais importante de estar no caminho é estar caminhando...

Liberdade

É comum, às vezes, ao ser humano se encontrar preso a dogmas do passado, que nem sempre o ajudam no momento atual, no qual a reflexão se torna densa demais para abranger, por si só, uma condição mais favorável e inteligível que o arranque do sofrimento.

Sempre que o homem se encontrar preso a uma idéia, não estará mais sendo livre, pois tornar-se-á livre quando, independente de escolher um caminho, não deixar de considerar os demais existentes à sua volta, bem como aqueles que não vê mas que sabe existirem.

Precisamos muito, neste momento de crise, de medidas disciplinadoras que nos devolvam lentamente a liberdade junto com a oportunidade de escolha. É como se em meio ao sofrimento e à insegurança, pudéssemos ainda repensar, refletir, reorganizar e redefinir nossas vidas para poder redimir ainda mais nossas atitudes que ferem o Cristo que carregamos em nós e que precisamos fazer renascer na transparência de nossas intenções, fazendo valer assim o compromisso que assumimos antes de nascer.

O homem é livre para escolher a todo momento. Mas nem só de escolhas vive o homem, pois para manter sua natureza é necessário que mantenha sua dignidade.

Liberdade não significa desorganização. O estado natural do homem é a liberdade.

Meus amados discípulos e irmãos, Nós da Grande Fraternidade Branca estamos pedindo, a todos os discípulos, para alertar em vossas palestras, nas evangelizações, e principalmente nos cerimoniais, sobre a família e a construção de novos lares, sobre a renovação de cada emanação de vida (SER), para que o Cristo possa renascer em cada um, em cada lar, e se tornar um Foco de Luz.

Irmãos em Jesus, e dos Mestres da Grande Fraternidade Branca, tendes a obrigação de estender as vossas mãos ao próximo e buscá-lo quando o encontrar perdido. Como trabalhadores, precisais enfrentar quaisquer situações, principalmente junto aos menos esclarecidos, que vivem na ignorância. Como diz Gautama, Senhor do Mundo: "Não há conflito entre o Bem e o Mal, mas entre o conhecimento e a ignorância". Esses, por mercê de Deus, são minoria, mas encontram-se nos irmãos cooperadores. A cada dia, a dor, o desespero e a tristeza se alojam no coração da humanidade. Hoje, cultua-se o corpo e o sexo, obras Divinas que estão sendo profanadas por mentes sem conhecimento da existência do mundo espiritual.

O homem está matando e morrendo a cada minuto, desobedecendo as leis da natureza, que são sábias. O homem e a mulher brincam de fazer sexo, quando este é a eclosão do amor. O sexo é um órgão com finalidade semelhante à dos outros órgãos, só que ele é o "órgão-rei", porque é através dele que se dá o intercâmbio divino. Na atualidade, o homem tem desvirtualizado a sua função orgânica, ou melhor, a vem destruindo. Nunca se viu uma humanidade tão doente sexualmente, como prova disso, vede a AIDS, que está matando milhares de jovens diariamente. E em vez dos governos fazerem propaganda defendendo o uso de camisinhas, deveriam fazer programas de conscientização para famílias. O compromisso da família não é somente com a educação informal, mas também com a educação moral, sexual e religiosa, evangelizando-se, espiritualizando-se, buscando mais a Deus e ensinando, nos lares, o respeito para com o seu semelhante, ensinando aos jovens filhos como conscientizarem-se de que o sexo não é coisa feia, mas sim algo muito sério, e que não devem se entregar sem se conscientizarem de sua responsabilidade, pois é uma essência divina que, pela união do amor, faz nascer uma nova vida.

O que está acontecendo é que muitos julgam que sexo é a razão única de viver, e essa ignorância vem levando o homem à impotência, às doenças sexualmente transmissíveis, ao homossexualismo; enfim, o homem brinca com o sexo, como se ele fosse algo eterno e que lhe pertencesse. Consideremos o sexo uma chave que pode ser utilizada na porta do inferno ou do paraíso. Nessa concorrência sexual, os homens e mulheres vêm perdendo a família.

Nunca se viram crianças tão infelizes, jovens tão perdidos. Os pais esqueceram-se de que o seu compromisso maior é para com os filhos, dos quais muitos sentem-se abandonados, mesmo vivendo junto dos pais. As meninas julgam que a virgindade é fardo pesado de carregar e entregam-se ao primeiro que conhecem ou ao primeiro namorado. Daí, passa-se a viver experiências, muitas vezes, bem traumatizantes. A garota perde a virgindade por influência do grupo; ao tomar atitudes à toa, pode arrepender-se, e matar os seus sonhos, tornando-se uma mulher infeliz, doente e traumatizada. Agora, de quem é a culpa? De toda a família, que não orienta seus filhos sobre responsabilidade divina. É no lar que o homem recebe elucidações morais e, se desde pequeno for criado sem respeitar a Deus e ao seu semelhante, jamais respeitará a família. Se os órgãos de comunicação e as religiões, em vez de brigarem por seus interesses próprios, não se unirem por um mundo melhor junto com as instituições educativas e filantrópicas, em breve todos os lares serão atingidos. Nós, que convivemos com os jovens, temos constatado que tirar a roupa e mergulhar no sexo são atos, hoje em dia, bastante comuns, contudo, bem tristes de se presenciar. Essa luxúria, que se expande no plano físico, dificulta a reencarnação planejada pelos filhos de Deus. A reencarnação tem de obedecer a certas leis divinas, todavia, o homem e a mulher estão criando para si a lei do sexo livre e terão de agüentar as conseqüências. Assistimos a uma conferência que tratava do abuso contra menores e tomamos conhecimento de que é nos países ricos que mais se abusa da inocência do menor. Dados assustadores, pois esses países, apesar de ricos, têm suas crianças maltratadas, espancadas, violentadas e malcuidadas. Nos países extremamente pobres, elas morrem de fome, por carência de alimentos, e nos ricos, morrem e suicidam-se pela solidão. Enquanto isso, o sexo livre, as orgias do álcool e drogas se alastram.

Estamos expondo a vós esses fatos porque as trevas estão tentando envolver totalmente a Terra. Deixai que este alerta, que fora permitido pelos Mestres Ascencionados da Grande Fraternidade Branca, seja levado não somente para este Santuário, mas para todos os irmãos.

EU SOU um dos discípulos de Jesus que trabalha em grupo, auxiliando a todos os irmãos que necessitam. Sempre ao vosso dispor, este irmão e guru que muito vos ama.

Irmão Silencioso

"Uma mulher, cujo filho pequeno acabara de morrer, corria pelas ruas desesperada, implorando a todos um remédio mágico que restituísse a vida de seu filho. Alguém, então, disse-lhe para pedir a Buda, O Ser Perfeito. Ela subiu à montanha, até Ele, e implorou pela vida de seu filho. E Buda lhe respondeu: "Vai até a cidade e traze-me um grão de mostarda de uma casa onde não tenha morrido ninguém".

Em seguida, ela desceu a montanha e correu às casas da cidade, sem encontrar uma única onde não tivesse morrido alguém. Assim, ela voltou até Buda mais reconfortada e ouviu dele a verdade: "No mundo do homem e no mundo dos deuses, a lei é uma só — todas as coisas são de passagem".

Parábola Hindu

"Dois amigos viajavam pelas montanhas da Pérsia. Certa manhã, chegaram às margens de um rio pedregoso, o qual deveriam atravessar. Ao saltar de uma pedra, um deles, Davi, foi infeliz e caiu nas águas em revolta. Sem hesitação, seu amigo Isaque atirou-se à correnteza e, lutando bravamente, conseguiu salvar seu companheiro. Quando chegaram à margem, Davi, aquele que caíra, gravou na pedra grande estes dizeres: "Neste lugar, durante uma jornada, Isaque salvou heroicamente seu amigo Davi". E assim prosseguiram em seu regresso à terra e novamente precisaram atravessar o mesmo rio. Fatigados, descansaram na areia conversando. Num momento, por um motivo fútil, surgiu uma discussão e desavença entre eles e Isaque esbofeteou seu amigo Davi, que não revidou. Pegou seu bastão e escreveu na areia: "Neste lugar, durante uma jornada, Isaque injuriou gravemente seu amigo Davi".

Um dos companheiros perguntou-lhe por que escrevera na areia desta vez, já que a inscrição sumiria rapidamente. E Davi respondeu: "O benefício que recebi de Isaque permanecerá para sempre em meu coração, mas a injúria, tal como a inscrição na areia, desejo que se apague bem depressa de minha lembrança".

"Toda a força, toda a cura de qualquer natureza, é a mudança das vibrações do interior — a sinfonia do Divino dentro do corpo, que vive para as Energias Criativas."

"É por isso que eu não tenho inimigos.
No inimigo, eu considero o amigo
E ele vem a sê-lo".

Meus amados discípulos e irmãos, a mais fascinante poesia do homem espiritualizado consiste em fazer com leveza as coisas pesadas, com facilidade as coisas difíceis, com suavidade as coisas amargas, com alegria as coisas tristes e com um sorriso as coisas dolorosas.

A suprema perfeição do homem crístico é uma verdade revestida de beleza. A vida do homem plenamente cristificado é comparável à máquina de aço de lei, que funciona com absoluta precisão e inefabilidade, mas seu funcionamento é leve como a luz, silencioso como a trajetória dos astros, espontâneo como o amor, sorridente como um arco-íris sobre vastos dilúvios de lágrimas.

O homem que ainda não é espiritualista, sendo simplesmente cristão e virtuoso, pratica o bem, mas com gemidos e dor. Ser bom é, para ele, carregar a cruz e cumprir heroicamente o dever, como uma obrigação.

Já o homem plenamente espiritualista, crístico, entra na zona da suprema sabedoria, que é leve e luminosa, espontânea e radiante. Ele é, de fato, a "Luz do Mundo", é como um sol de estupendo poder e de inefável suavidade, esse sol que lança pelos espaços as esferas gigantescas — mas sua luz não quebra a delgada lâmina duma vidraça que penetra, nem ofende a delicadeza de uma pétala de flor que beija silenciosamente. O homem crístico é como um sol, suavemente poderoso, poderosamente suave. É poderoso, mas não exibe poder; é puro, mas não vocifera contra os impuros; adora o que é sagrado, mas sem fanatismo; é amigo do servir, mas sem servilismo; ama, sem importunar ninguém; sofre, mas sem amargura; goza, sem profanidade; ama a solidão, sem detestar a sociedade; é disciplinado, sem fazer disso um culto; trabalha intensamente, com alegria e entusiasmo, mas renuncia serenamente, a cada momento, aos frutos do seu trabalho.

Assim vós vos tornareis a "Luz do Mundo".

Meus caríssimos discípulos, sede esta Luz, no meio das conturbações sociais, políticas, comerciais e industriais, que só terão fim, quando assim aprouver ao Senhor do Mundo, já que a maioria das pessoas nada faz para melhorá-las.

Só assim o miserável deixará de ser humilhado e ofendido, faminto e sedento de justiça, e todos terão os mesmos direitos, principalmente deveres.

Quem fizer por onde ainda poderá assistir ao começo grandioso e ao fim melancólico de tanta maldade, falsidade, hipocrisia, escravidão e exploração!

Tudo tem seu tempo certo e ele está aí. Esperai um pouco mais e vereis. Enquanto o aguardais, preparai-vos, fazendo o bem, amando a todos e nunca se considerando o maior ou o melhor ser. Examinai seu interior, sem isenção de ânimo, e encontrareis a resposta adequada.

Amai-vos uns aos outros, e vos tornareis o homem crístico, porque o AMOR é a única força capaz de neutralizar todo o sentimento negativo, quer seja de desprezo, ódio, maledicência, maldade, injustiça, crítica ou julgamentos precipitados.

O grande discípulo do vosso século, Mahatma Gandhi deixou uma frase: "O homem que atinge a plenitude do AMOR, neutraliza o ódio de milhões".

Amai-vos como DEUS ama a todos os seus filhos sem distinção ou privilégios, ou seja, com o AMOR UNIVERSAL IMPESSOAL.

Estarei sempre pronto a ajudá-los, bastando um pensamento ou um chamado.

EU SOU o Amigo e Irmão de todas as horas.

Mestre Hilarion

Meus amados discípulos e irmãos, iniciamos a Nova Era — Aquário — na qual são requeridos discípulos resolutos e perseverantes no esforço e atuantes na determinação de promoverem a manifestação de todas as coisas boas, pois existem muitos irmãos, e principalmente discípulos de índole inconstante, que assumem compromisso conosco e depois selam compromissos em toda parte, sem persistir — estes não progridem, ficam reclamando que nada dá certo e desanimam com muita facilidade, principalmente quando passam por alguma provação. Por isso é que muitos não entendem as parábolas de Jesus, como esta: "Ponde em primeiro lugar as coisas do Pai que todas as outras coisas vos serão acrescentadas". Como já disse, a Nova Era precisa de discípulos e membros decididos e diligentes, que saibam ter em mãos e empregar as preciosas Forças Divinais. É por isso que cobramos a atuação do discípulo, pois contamos com cada um de vós. Podeis imaginar se o dirigente viesse no dia em que tivesse vontade? Todos vós desacreditareis de seu trabalho e da mesma forma nós membros da Grande Fraternidade Branca. Por isso amados discípulos, hoje eu tenho a grande oportunidade de mandar esta mensagem, sendo Eu a Sacerdotisa Mestra Melissa gostaria que vos conscientizásseis de vossa responsabilidade.

A Luz Interna, que habita em vós é seguramente o vosso guia, porém, deveis incentivá-la e aceitá-la como o ponto central de vosso ser, no qual viveis. Este contém tudo o que necessitais para que a vossa tarefa se realize com pleno êxito.

Ninguém pode vos desviar da escolha de vossa trilha, pois o amor já envolveu o vosso coração.

O discípulo honesto e puro de sentimento prepara-se para ser totalmente Luz, e nós temos certeza de que, em algum dia, os discípulos irão vivenciar o grande e eletrizante acontecimento: a Luz, traspassando cada célula de seu coração. Todavia, é exigida uma condição mui especial e importante, que os vossos Amigos Celestiais, há muito tempo, vos ensinam; porquanto, acima de tudo, deve estar presente o Amor puro e abnegado.

Envolvei tudo nos raios do Amor, este é o trabalho do verdadeiro sacerdote que cada um de vós sois; projetai-o à frente de vosso caminho; envolvei a todos com os quais entrais em contato com o todo-abrangente AMOR manifestado, que nunca mais deixareis este caminho.

Cada ser santificado, cada iniciado precisa aprender a Amar, e vós não estais isentos deste aprendizado. Se quiserdes seguir avante em vosso caminho à Luz, deveis primeiramente Amar — não importa que na frieza de vosso ambiente, de vosso mundo, raramente se manifeste tão relevante virtude.

Abri vossos corações para que o Amor possa fluir e aquecer toda a vida. O gelo que envolve os corações de vossos semelhantes derreter-se-á com o calor de vosso Amor.

Este é um bom exercício que deveis praticar a todo o momento, para que a conscientização do Amor, presente em vossas vidas, vos anime e nunca mais deixeis de amar incondicionalmente. Peço que me desculpais a forma que vos cobrei, mas o caminho sacerdócio é de muita responsabilidade, e o discípulo tem que ser atuante.

EU SOU vossa fiel auxiliar neste sublime esforço e vossa Irmã na Luz.

Mestra Melissa

Meus amados discípulos e irmãos, Eu Sou a Vontade Divina e voltei para mais uma instrução. Em cada dia de vossa existência terrena, devereis dar um grande passo em direção ao adiantamento espiritual — que esse seja o vosso propósito nesta escola, que é a vida na face da terra.

Não permitais nunca que um dia se passe sem terdes realizado algo de construtivo, pois o tempo que está a vossa disposição é muito escasso e precioso, pois os grandes infratores das Leis Divinas, do momento, contumazes no mal há milênios e em inúmeras reencarnações, deverão ser retirados do astral da Terra e encaminhados para um outro planeta primário. Nesta separação entre ovelhas e cabras, que o Mestre Jesus nos diz no evangelho, haverá o ranger dos dentes.

Meus caríssimos: a semeadura é livre, mas a colheita é obrigatória, ao final de vossa vida neste plano; por isso, a semeadura deve ser rica de virtudes e bons exemplos, levados a vossos familiares e seus semelhantes.

Os passos pequenos e incontáveis são necessários para o vosso processo de amadurecimento espiritual. Todos os dias passareis por novas experiências; elas vos ensinarão a viver dignamente e a oferecer ao próximo consolo, paz, harmonia e muito entusiasmo para que não esmoreça no meio do caminho traçado; então o Mestre no Trono vos dirá: "Vinde benditos do Meu Pai".

Todavia, para se obter uma eterna Coroa de Luz, são exigidas muita ordem e obediência — condições fundamentais — pois cada etapa do aprendizado requer do candidato severa disciplina, se é que realmente aspira ao progresso espiritual, que é a Vontade Divina.

Começai controlando vossos quatro corpos inferiores, principalmente o mais rebelde, que é o corpo emocional, que se agita por qualquer emoção, boa ou má, principalmente pela opinião dos outros a vosso respeito. As palavras elogiosas, que despertam vossa vaidade, são um terreno perigoso, semelhante à areia movediça, e aquelas que vos ofendem, desequilibram os quatro corpos inferiores. Porquanto, vos considerais perfeitos e, normalmente, não aceitais conselhos nem reprimendas. Vosso corpo mental, como um sinete, tudo imprime em vosso corpo físico.

Sede persistentes na moldagem de vosso caráter. Afastai a indolência, que é irmã da preguiça. Em vossa vida passada, ficaram registradas muitas falhas, esbanjastes vosso tempo com divertimentos fúteis, e agora, num curto espaço de tempo, tereis de recuperar as lições do passado somadas às desta encarnação... Vosso fardo, em conseqüência, tornou-se pesado. Usai, pois, o miraculoso Fogo Violeta para aliviar vossos carmas e levai este conhecimento para transmiti-lo a vossos parentes, amigos e vizinhos. É da semente pequenina que germina e cresce a árvore gigantesca e, aos poucos, muitos homens vão transmitir o Amor e Paz aos demais.

Apelai por Mim, quando algo que não seja a Vontade Divina se apresentar — aquilo que está acima de vossas forças. Os poderes do Primeiro Raio fluirão ao vosso mundo.

Vim, especialmente, para vos assegurar isto. Eu vos bendigo com as bênçãos e os poderes da Vontade Divina, uma vez que é minha tarefa guiá-la à Terra e zelar por ela. Vós, discípulos, que vos esforçais em praticar a Vontade Divina, sois duplamente abençoados.

EU SOU vosso Irmão na Luz que muito vos ama.

Mestre Ascensionado El Morya

Meus amados discípulos e irmãos, estamos iniciando mais uma Páscoa, em que a maioria das pessoas ainda não entendeu o significado da Ressurreição do Cristo, que é ressurgir para uma Nova Vida e poder participar do Reino dos céus e viver unido em Deus, que é a maior Força Coesiva do Universo (AMOR). Este Reino está no meio de Nós e só poderemos participar, quando cada um se conscientizar de que temos de desenvolver o Dom Supremo, que é o Amor. O Divino Mestre nos dá o grande exemplo sobre o Amor, e diz: "O Reino dos céus é como uma semente de mostarda (AMOR) que um homem pega e semeia no seu campo. Embora ela seja a menor de todas as sementes, quando cresce fica maior que as outras plantas. E se torna uma árvore, de modo que os pássaros do céu vêm e fazem ninhos em seus ramos".

Meus caríssimos, o Mestre Jesus sempre mostrou o caminho para os humildes de coração, mas infelizmente os que se dizem sábios, em vosso meio, fizeram um importante congresso de medicina, psicologia e sociologia em Roma, congregando centenas de especialistas no ramo, provenientes do mundo inteiro. Psicólogos, psicanalistas, cirurgiões, psiquiatras de renome e prestígio internacional. Por vários dias, aqueles luminares debruçaram-se sobre o corpo e a psiquê da sociedade moderna, na tentativa de radiografar esta nova era, em suas enfermidades mais graves e devastadoras.

No final do memorável encontro, a grande surpresa para eles, os sábios: antes de falar sobre os problemas cardíacos, câncer, diabetes e infecções pulmonares, o diagnóstico apontou para outra e surpreendente direção. Uma frase lacônica, incisiva, dramática e fundamental foi assinada por aquele elenco de especialistas universais: "para sobreviver, o mundo de hoje precisa reaprender urgentemente o verdadeiro sentido do Amor". Peregrino em trânsito, na linha do tempo, somos um pouco como aqueles rios que se recordam da fonte enquanto correm para o mar. Do Amor viemos e para o Amor retornaremos. Toda profunda experiência de Amor é Deus, tem sabor de eternidade, porque "Deus é Amor".

Meus amados, na sede de amar e de ser amado, consciente ou inconscientemente, o ser humano busca o amor absoluto, síntese de perfeição. Deus mora no coração de cada um que manifesta o amor.

Sábio e feliz é quem busca sua realização mais plena, crescendo para o alto e na direção dos outros. Qualquer tipo de desenvolvimento, pautado pelo egoísmo ou marcado pela auto-suficiência, gera vazio e solidão, acarretando catástrofes e distorções comportamentais. As pessoas que roubam, seqüestram e matam, vingando-se do amor que o lar e a sociedade lhes sonegou.

Meus amados irmãos e discípulos, sorri, cantai e agradecei. O sepulcro vazio e os magníficos relatos da Páscoa não são as únicas provas de que o Cristo ressuscitou. Nós o vemos e o sentimos vivo, palpitante, na bondade e na ternura que não desertaram da Terra. Por isso, peço a todos os discípulos que arregacem as mangas, corajosamente, lutando por um mundo melhor.

Quantas vezes já falamos sobre este tema! Entretanto, ainda não ficou bem claro que tudo pode ser resolvido com o Amor Divino, que é uma forma de perdoar aquilo que, em outras épocas, foi praticado egoisticamente. Não existe qualquer força ou treva que possa resistir ao Amor que o Bem-Amado JESUS pregou.

Com este conhecimento, esta convicção em vós, ide e divulgai o AMOR — o mundo se tornará mais harmonioso. Vou ao vosso encontro com as mãos cheias desta virtude, minha caractcrística. Assim como eu, muitos Seres de Luz estão prontos para vos envolver na irradiação do Amor.

Nada, vossa Irmã na Luz

Bem-amados filhos da Luz, é bom vos relembrar que, nesse Amoroso serviço ao qual dedicais, há cerca de dez bilhões de emanações de vida envolvidas e evoluindo há quatro bilhões e meio delas em corpo sobre a Terra, no presente momento. E muitos esperando a oportunidade de voltar a reencarnar, pois cada vez está mais difícil, já que estamos vivendo a época do apocalipse, no qual só ficarão 1/3 das emanações de vida e a maioria será expurgada para um planeta primário.

Meus caríssimos discípulos e filhos, procurai levar este conhecimento para todos os seus semelhantes, enquanto é tempo, sendo a Luz, como o Meu Amado Jesus vos ensinou, dizendo: "Vós sois Luz, e esta Luz não se põe debaixo da mesa, mas no teto para iluminar a todos". Para quando vos apresentar perante o Grande Conselho Cármico não vos arrependereis de ter perdido tempo com coisas fúteis e materiais, deixando de lado o campo espiritual, como a maioria que se apresenta ao Conselho, totalmente arrependida, como o aluno que ficou o tempo todo sem estudar e sem fazer nada e, quando chega o fim do ano, repete, então vem a tristeza e o ranger dos dentes.

Meus queridos, Eu, Mestra Nada, que represento o Amor no Grande Conselho Cármico, vos digo que, quando uma alma se apresenta ante o Conselho, para justificar o seu mau uso da energia, também estão presentes várias testemunhas; entretanto, aqui no Conselho, somente se conta o bem praticado. Não existem testemunhas que acusem as atividades negativas de cada um de vós, porquanto somente participam aqueles que confirmam ou atestam o bem recebido, tanto sejam de Emanações de Vida, os próprios animais que foram carinhosamente tratados ou seres elementais presentes em toda a natureza. Todas as testemunhas computam todas as boas ações, desde a menor quantidade de Energia que tais almas, em julgamento, distribuíram no bom sentido. E não há, neste conclave dos Grandes Seres amorosos, qualquer julgamento ou sentença: há somente bondosos entendimentos e compreensão por todos os erros e fraquezas; há também grande oportunidade de compensar o mal com o bem e de aprender no Reino Interno como reparar os próprios erros.

Eu Sou um dos membros do Conselho Cármico, contudo devo executar meus deveres sob o comando do Grande Conselho.

Meu trabalho e meus deveres principais consistem em colher as energias do Amor, positivamente qualificadas de cada Emanação de Vida, durante o decorrer de vossa vida na face da Terra, as energias que ela dispensou ao próximo.

Na maioria das vezes, as boas energias são poucas ou quase nada, contudo, para tal alma que aqui comparece, sempre é dada a oportunidade de reconhecer aquilo que ela deixou de fazer. O que é possível reparar nas Esferas Internas ser-lhe-á mostrado. Se ela quiser, poderá executar o trabalho para aliviar o peso dos fardos que carrega, transformando-os, para entrar na vindoura encarnação, na qual terá a oportunidade de reencarnar, com fardos menos pesados, os acúmulos de outras vidas já passadas.

Hoje me foi permitido falar sobre o tema. Eu faço com muito amor e prazer, pois vejo que os discípulos, em toda parte sobre a Terra, iniciaram, em sua encarnação atual, o trabalho de reparar o mal praticado em outras existências. Todo mal que em vossa vida terrena substituis pelo Bem, podeis estar seguros de que a Colheita é vossa. Prestai bem atenção onde vos é dado o grande conhecimento. Aproveitai enquanto é tempo, ante meu grande amor, permiti que eu vos dê um conselho que abrange todo sincero discípulo em busca da Luz: arregaçai as mangas enquanto é tempo, aproveitai enquanto estais com esta vestimenta física, para labutar, persistentemente, e ser atuante no Santuário. Fazei como o meu complemento divino Jesus diz no evangelho: "Ponde em primeiro lugar as Coisas do Pai e Sua Justiça, que todas as outras coisas vos serão dadas com abundância".

Meus amados, prestai bem atenção nesta parábola: "Aquele que tiver o conhecimento será muito mais cobrado do que aquele que não tem". Pois existe uma enorme diferença entre um irmão que desconhece a evolução espiritual e aqueles irmãos iniciados, que no mundo físico trabalham, com persistência, para corrigir a sua imperfeição, transmutando a Energia Divina que foi negativamente qualificada. Meu amoroso Conselho também compreende que deveis usar intensamente o Fogo Violeta.

Eu agradeço a todos vós pela atenção, e hoje estarei presente neste Santuário para vos envolver no grande amor, e onde eu tenho a grande honra de participar da abertura do Templo Solar do Amor, no dia de hoje, e ser convidada pelo Lord e Senhor Maitreya.

EU SOU vossa fiel auxiliar neste sublime esforço e vossa Irmã na Luz.

Mestra Nada, Deusa do Amor

Meus amados discípulos e irmãos, eu gostaria que cada um de vós possais fazer uma reflexão sobre esta mensagem que vos envio, pois a humanidade tem muita facilidade de criticar e julgar o seu próximo, pois para ser meu discípulo isso não pode existir. Quando aqueles irmãos me trouxeram a mulher que foi pega em adultério, Eu perguntei-lhes que aquele que não tivesse nenhum pecado atirasse a primeira pedra. Todos foram embora e perguntei àquela irmã: "Alguém ficou aqui para te julgar?", e ela disse que ninguém ficara. Eu lhe disse: "Nem eu. Vai e não peques mais para que não aconteçam coisas piores".

Meus caríssimos, se vós não resolvestes sentir o Cristo dentro de vós, seguireis sendo homem miserável, passional e andrajoso, porque nada fizestes para mitigar a dor do próximo. Contemplai-vos amados meus, tal como sois, e dizei-me se estais perto ou longe do Caminho Crístico que deveis seguir. Se vos conheceis em vossa maldade, em vossa baixeza, em vossa amarga verdade, em vossos andrajos manchados e depois, humildemente, vinde a mim, pequenos meus, pelo bem de vossa alma, a quem amo extremosamente. Quero que compreendais vossos erros, para que abandoneis vossas obsessões, eis por que desejo que conheçais tal como sois, incompreensivo, sem bases, sem normas morais nem espirituais, indiferente à dor dos demais.

Observai como o mundo se debate e os nossos irmãos se afundam na dor pelo seu desamor, pela sua ignorância, pela sua crueldade, e vós estais dentro dele. Já faz tempo que vindes estudando meus ensinamentos, e quantas vezes vos tenho dito que comecei por formar uma família com todos os vossos irmãos, com bases puras do Amor que redime, e não tendes acatado meu mandamento. Amados, sois muita carne e eu quero que sejas muito Espírito. Por que não vos unis em amor e serviço aos demais? Quero que tomeis parte nessa pequena irmandade que crescerá até abarcar toda a Humanidade. Assim ansío vos ver, amados, pelo caminho do Cristo.

E vós, que me escutais, interessado nestes ensinamentos que a vós chegam, sei que vosso coração tem-se enternecido e estais impressionados, porque sabeis que vos amo como o coração do Cristo. Fundamento Espiritual do homem com a Potência, o Amor e a União que é o Símbolo da Pedra Angular de Minha Doutrina. Disponde-vos já a seguir pelo caminho do Cristo. Eu serei vossa Luz e vós me seguireis. Mas, entre os que me escutam, há pessoas que não amam umas às outras, e não se amam porque esperam que outros comecem sua obra, sempre se sentindo matéria.

Eu vos digo, amado meu, que não deveis esperar que outros comecem por vos amar. Quem vos disse que não deveis vós serem os primeiros a iniciar esta Santa Obra do Cristo? Quem sois vós para não serem os primeiros a servir, sem primeiro esperar serem servidos? Agora, escutai: eu como Jesus, amoroso, nunca vos reprovo, sempre vos falarei daquela virtude que tendes, para que com ela, não vos envergonheis pois nunca vos falarei dos vossos defeitos, de vossos erros, de vossas faltas; pelo contrário, vos consolarei, vos acariciarei e vos guiarei na minha senda, como aquela irmã que foi pega no pecado. Aprendei a lição, pois aquele que é puro e limpo de coração sempre desculpa, e quando virdes o irmão que erra, chamai-o de lado, e com muita amabilidade mostrai o seu erro, sem criticá-lo para os outros, porque sempre se deve amar e por isso saber desculpar os demais, por saber que não prestareis contas do que não vos pertence, senão a mim, senão ao que lhe deu a vida (DEUS).

Meus amados, faz séculos que eu vos espero no Caminho da Vida, como Força, como o Fogo Divino, como Carícia de Esperança, como Verdade e Vida... e ainda que passem as idades, vos seguirei esperando, pois ninguém vai ao Pai senão por mim. EU SOU O CRISTO EM ATIVIDADE. E neste momento que estamos vivendo a Era Aquariana, a Nova Era, em que terá início a separação do joio do trigo, estão sendo dadas as últimas oportunidades de reencarnação à humanidade. Daqui a algum tempo, só reencarnarão os bons, os que não evoluírem serão expurgados para um outro planeta primário, pois o Pai, que é Magnânimo, sempre dá novas oportunidades aos seus filhos.

Meus amados discípulos e irmãos, eu vos conduzirei, e sereis cheios de Graça, como a própria Verdade... e eu vos abençôo e estarei sempre pronto a ajudá-los, basta só me pedirem. Deste Irmão que muito vos ama.

Jesus Cristo

Meus amados discípulos e irmãos, hoje vamos comemorar o Dia do Corpo de Cristo, e gostaria que todos vós prestásseis atenção nesta mensagem:

Quando Jesus, que representava o Cristo, elevou o seu sentimento para o Pai, para a Verdade suprema e Existência Divina, disse: "Perdoai-os Senhor, porque eles não sabem o que fazem".

Percebei esse agir, essa maneira de ser, que o Cristo desenvolveu com sua mente voltada para o bem supremo, para o bem universal. O Cristo significa a parte do todo, por isso, fazemos parte do Corpo de Cristo, como São Paulo Apóstolo, quando iniciou o Caminho da Espiritualidade e quando disse: "Não sou Eu mais quem comanda este corpo, mas o Cristo que habita em Mim"/Coríntios, cap. 12. Ele mostra a todos os discípulos o significado do Corpo de Cristo, do qual todos nós fazemos parte, e que cada um de nós tem um dom. Um tem o dom da palavra, outro o dom do sacerdócio ou ainda da cura espiritual e física, pois todos são importantes, já que fazemos parte do Todo (O Cristo).

Foi por estar mentalmente em sintonia com a Verdade Universal que o Cristo conseguiu reativar essa oração, na qual pede ao Pai para perdoar ao homem, perdoar àqueles que o haviam julgado, condenado e crucificado.

Cristo, compreendendo a ignorância, ainda presente no homem, afastado do Todo (O Cristo), isolado, e vivendo a ignorância na sua forma de crer e agir, compreende também que esse seu modo combatente é uma forma de crer e agir; e compreende mais: que esse seu modo combatente é uma forma de tentar acertar. Eles agem pensando estarem certos. Isto quer dizer que os homens que julgaram o Cristo só o fizeram porque não puderam entendê-lo, não conseguiram compreender suas mensagens e seus ensinamentos. Eles julgaram Cristo acreditando estarem certos. Por isso, Cristo consciente da ignorância deles e sem resistir a esse aparente mal, permanecendo com a sua mente concentrada e voltada para o bem maior, pôde não só perdoá-los, mas também pedir ao Universo, à consciência do Todo Universal, que os perdoassem também. Ora, Cristo representa o estado perfeito da consciência do homem, o bem total que está se desenvolvendo na humanidade. Ele representa o futuro da humanidade, e é por essa razão que o "filho do homem" é o mesmo que o "futuro do homem". Ele é o arquétipo da perfeição humana, é o molde perfeito da humanidade.

Foi por isso que ele teve que nascer na Terra, no mundo do homem. Cristo representa o estado positivo e perfeito da consciência humana, a consciência do homem que sabe que é filho do Universo e que compreende ser universal. E por ter desenvolvido esse grau de consciência, sente profundo amor por todas as coisas do Universo.

Cristo veio com a missão de moldar o arquétipo da perfeição humana, por isso ele diz: "Eu Sou o Caminho, a Verdade e a Vida. Ninguém chegará ao Pai senão por Mim". Ele é a Ponte que liga o filho ao Pai, é a sabedoria que traz o conhecimento e a consciência, que entende o dizer "Eu Sou filho de Deus". Cristo percebe essa ligação. Não basta dizer "Eu Sou filho de Deus", "Eu faço parte do Universo". Tem que sentir que faz parte do Universo.

Cristo veio nos mostrar o que é ser filho de Deus, que é aquele que consegue ser forte no bem, no perfeito. Por esse motivo ele continua com sua mente voltada para o bem Supremo.

Meus amados discípulos e irmãos, vamos agradecer a Deus de podermos participar do Corpo de Cristo. Que cada um de vós possa em cada dia que se passa, desenvolver ainda mais o grande Dom, que cada um de vós recebeu, e para desenvolvê-lo, só existe um caminho : amor e a disciplina, de ser atuantes, para desenvolver cada vez mais. Só assim podereis amenizar o sofrimento do vosso semelhante, sendo o modelo para cada um, no vosso lar, na vossa família e na vossa comunidade.

Projetai os raios de amor sobre os dons que o Cristo vos concedeu. Envolvei todas as pessoas em um manto rosa do puro amor divino, principalmente aqueles irmãos com quem tendes algo a tratar, e tudo se iluminará.

    Apelai a mim, e eu irei liberar as forças necessárias para realizardes vossa tarefa, como discípulos deste grupo no qual sou Mentor Espiritual. Deste irmão que muito vos ama.

Mestre do Cajado

M eus amados discípulos e irmãos, EU SOU DIXÓPHILOS. Saúdo-vos do Templo da Cura sobre a Ilha de Creta! Hoje vos falo sobre a grande Lei da Causa e Efeito e sobre o trabalho da cura.

Somos herança de nós mesmos. Somos o que construímos. Se almejamos melhorar, temos que fazê-lo agora, no presente. Veremos, neste estudo, discípulos que sofrem e estão sentindo o efeito, e veremos a causa. Às vezes nós ouvimos as queixas: "Procurei mudar, me espiritualizei, e estou sofrendo. De que adiantou eu me modificar?". Eis a questão: esses irmãos esqueceram o que semearam no passado, principalmente em outras reencarnações, nas quais destruíram lares, foram avarentos, sempre prejudicando os seus semelhantes. Causas boas, efeitos bons; causas ruins, efeitos negativos. Os Grandes Gurus nos dizem: "A semeadura é livre, mas a colheita é obrigatória". Na Terra são poucos os que chegam às Universidades. O carma negativo é queimado pela dor: fez, paga. Porque a maioria pensa assim, e deve ser assim até o amadurecimento, para o espírito entender. Mas, hoje, com a chegada da Nova Era, caiu o Véu de Maya e tudo que era secreto e oculto foi banido. A Grande Fraternidade Branca, por meio do bem-amado Saint Germain, que assumiu o cetro do poder, trouxe a Misericórdia Divina, o Poder do Fogo Violeta, que tem o poder de queimar toda a Energia Negativa (o carma) que criamos em outras reencarnações e na encarnação presente. É importante crescermos com compreensão, pois temos a oportunidade de crescer pelo Amor, e pela transformação interior. A cura inicia-se e tira de vossos corações mágoas e ressentimentos, pois a maioria das doenças se iniciam pelo processo do mau uso que se faz da Energia do Pai. É por isso que o Nosso Divino Mestre dizia: "Tua fé te curou, vai e não peques mais para que não te aconteçam coisas piores".

Meus queridos, estou encantado ao ver vosso belíssimo trabalho. Quero deixar bem claro que ainda é estranho para mim ver o interesse e o desejo dos discípulos da Luz em usar suas forças para um trabalho tão nobre. Pois eu também ponho à vossa disposição as minhas forças curativas.

Não podeis imaginar o que isto significa para mim, pois me lembro de que, quando encarnado, iniciei no caminho do discipulado. Vivia no erro, mas o compreendi, e essa compreensão fez com que eu trabalhasse com a cura com muito amor. Usei meus conhecimentos médicos para o bem de todos os que me procuravam e troquei o resgate do sofrimento pelo trabalho em prol de outros e pela minha transformação interior.

Porquanto levei várias vidas dedicando-me à ciência da cura, e nessas existências passadas, encontrei poucos discípulos que se interessassem em realizar curas e que quisessem trabalhar comigo. Quando vos falo de cura, não é só de doença física, mas também da espiritual, como depressão, ansiedade, e outras obsessões. Porém, hoje vejo crescer o número de discípulos que desejam pesquisar e encontrar um meio de aliviar e curar a humanidade.

Ponho à vossa disposição minha total força qualificada, o meu "momentum de cura". Aceitai-o e usai-o. Estou pronto a auxiliar a vossa tarefa, levando a Luz aos corpos e às almas humanas e, com a Força Curativa, restaurar-lhes a saúde. Gostaria de colocar ao vosso lado um amigo de nosso templo, que irá dedicar-se à vossa tarefa e vos auxiliará a atrair as Forças Curadoras, direcionando-se aos locais necessários. Existem muitos infortúnios sobre este belo planeta para ser aliviado e suavizado. Mesmo assim, são poucos os discípulos que querem nos auxiliar, e necessitamos de grupos de discípulos atuantes e dedicados. Nós podemos fazê-lo, porém, necessitamos de informantes da parte dos homens. Eles precisam formar o Canal, o foco de Luz, através do qual possamos enviar as Nossas Forças. Deveis requerer as forças qualificadas, para vos tornar ativos. Fazei uso dessa oferta de um trabalho mútuo.

É meu desejo que vos tornásseis um flamejante Foco de Luz da Força Curadora. Visualizai-vos dentro dessa caudalosa força que flui através de vós.

Meus amados discípulos e irmãos, hoje, no fim do Cerimonial, consagrarei toda a água que estiver neste altar com a Força Curadora. Eu vos envolvo na sacrossanta irradiação da Cura, pois ela vai harmonizar vossos corpos inferiores, fazer fluir a vós a puríssima Força Etérica e dissolver a desarmonia que opõe resistência à sua verdadeira determinação — a saúde perfeita. Deste vosso Irmão e Amigo.

Dixóphilos

Meus amados discípulos e irmãos, prestai muita atenção nesta parábola: "Procurai buscar as coisas do Pai, que todas as outras coisas vos serão acrescentadas". Aqui consiste todo o conhecimento cósmico, que só o Cristo nos poderia trazer, e só por meio de parábolas nós poderíamos compreender, pois a Sua Grande Iluminação é a de conhecer a Sabedoria do Pai, e nos transmitir tudo, para vós, irmãos, que estais querendo iniciar o caminho do discipulado, como Mahatma Gandhi, na sua iniciação, vos transmitiu: "Se todos os livros sacros do mundo se perdessem e só sobrasse o Sermão da Montanha, a humanidade não perderia nada". Sendo ele hindu, desfrutou de todo esse conhecimento, pondo-o em prática em sua vida. É, por isso, meus amados, que eu e a Grande Fraternidade Branca o utilizamos para atingir o Mestrado.

Meus amados, a busca de Deus, eu a explico a vós de uma forma simples de compreender. É como se vós, que necessitais da Luz em vosso aposento, só tocásseis o interruptor e a luz, neste instante, acendesse no recinto. Deve-se ser igual ao interruptor e estar sempre ligado, pois a Energia do Pai está em todo lugar, basta querê-la e buscá-la, para transformar esta Energia em Força, para se tornar Luz. É isto que o Cristo quer de cada um de vós, posto que o renascimento e a iniciação em cada discípulo é a busca do vosso Santo-Ser-Crístico, de ser a Luz que o nosso Divino Mestre tanto nos disse. Vamos dar um basta às trevas, chega de usarmos mal a Energia do Pai em nosso dia-a-dia, com o egoísmo, o ódio, a inveja, o adultério e a avareza que vos jogam em um lamaçal de trevas, sofrimento e dor. Como diz o Mestre: "Têm ouvidos e não escutam, têm olhos e não vêem".

Meus caríssimos, vamos buscar as coisas do Pai, em vosso lar, por meio do amor, que é a força coesiva do universo, procurando nos modificar através da disciplina, da tolerância, sendo verdadeiros modelos, procurando sempre servir, no meio de vossa família, em vossa sociedade, em vosso grupo espiritual, e levando a esperança, por meio do amor e do conforto aos irmãos que estão passando por dificuldades materiais e espirituais e trazendo-os em nosso Santuário, para receberem o bálsamo da Grande Fraternidade Branca. Nós temos para cada um dos que necessitam, e para aqueles que estão doentes. Por isso necessitamos de discípulos responsáveis e atuantes, pois aqueles que querem ser nossos seguidores não podem ficar em cima do muro. Como o Divino Mestre nos diz nesta parábola: "O dono da plantação de uva (Deus) foi procurar frutos na figueira e não os encontrando chamou o capataz (Os Mestres), e lhe disse: "Este é o terceiro ano que venho buscar figo nesta figueira e não encontro nada. Corta-a (que representa a humanidade) porque está ocupando o terreno sem produzir nada". Mas o capataz lhe respondeu: "Patrão, deixe esta figueira ainda este ano, que eu vou cavar em volta dela e por bastante adubo. Se no ano que vem ela der frutos, muito bem, se não der, o senhor pode mandar cortá-la". O que o Mestre nos fala refere-se à época que estamos vivendo, à Era Aquariana, que representa o fim dos tempos, e vós não podeis servir a dois senhores, ou servimos ao Pai ou seremos expurgados para um planeta denso, e a Terra voltará a brilhar no Cosmo, onde é seu lugar. Não podemos mais viver, pois nesta grande violência, principalmente contra as crianças que, na maioria das vezes, morrem desnutridas ou violentadas pelos pais e pela vossa sociedade, ou se perdem nas drogas e na prostituição. O que podeis esperar dos frutos desta árvore, que representa a humanidade? Por isso, meus amados, eu vos peço que cadastreis mais famílias, de pedi cestas básicas, e procurai auxiliar mais estes irmãos.

Meus amados, nós da Grande Fraternidade Branca confiamos em vós, e no vosso Amor Divino que nos faz confiar ireis receber forças nunca imagináveis, unindo-vos ao vosso Eu Divino, o Eu Sou. Então essas forças cósmicas fluirão, livremente, às vossas atividades no santuário e em vosso mundo, e tudo vos será acrescentado, no qual deveis atuar.

Estar sempre em união com vosso Eu Divino, amando o próximo e o suposto inimigo, é a mais importante condição para a tarefa em vista. Praticai a união. Abri-vos à caudalosa energia que faz fluir a bênção ao vosso coração.

    Meus discípulos e irmãos, termino esta mensagem, na qual peço que me perdoai a forma dura de vos falar, mas é necessário, pois o mal tem que ser cortado pela raiz. Os nossos ouvidos estão sempre atentos às vossas súplicas. Com muito amor eu vos abençôo. Este irmão e vosso guru que muito vos ama.

Mestre do Cajado

Meus amados discípulos e irmãos, hoje eu chamo a atenção de todos, pois o Pai Celestial não pode mais aceitar tantos erros que a humanidade vem cometendo, sem procurar se modificar. E nós da Grande Fraternidade Branca, que estamos atuando com toda intensidade, nos entristecemos em ainda ver que nos grupos espirituais, principalmente entre os discípulos, em vez de se utilizar todo o conhecimento, a sabedoria, força e o amor com os irmãos iniciantes e leigos, fazem-se de críticas, em vez de se unirem e de procurarem crescer juntos, pois cada um está em um estágio de evolução, e nós, os Mestres Ascensionados, não poderemos perder tempo com coisas fúteis, posto que em lugar de atuarmos, as forças das trevas é que começarão a atuar.

Meus amados irmãos, gostaria que todos vós estudásseis o Evangelho, principalmente as parábolas que Jesus nos deixou, como a do filho pródigo. "Quando o filho mais novo pediu ao seu pai a sua parte da herança, o pai lhe deu e ele viajou para um país distante. Gastou toda sua herança em farras, bebidas e mulheres, ficando na maior miséria. Foi obrigado a tomar conta de porcos, ganhando apenas a comida que os porcos comiam. Então, neste momento, lembrou-se do pai e se arrependeu, dizendo que iria voltar para sua casa, pois lá até os empregados tinham comida de sobra e eram bem tratados. Quando ele estava quase chegando à casa, o pai avistou-o e foi ao seu encontro, abraçando-o e beijando-o, e o moço lhe disse: " — Pai, pequei contra Deus e contra o Senhor, e não mereço mais ser chamado de seu filho!". Mas o Pai ordenou aos empregados: " — Depressa! Tragam a melhor roupa e vistam nele. Ponham-no anel e

sandálias. Também tragam um bezerro gordo e o matem para a ceia. Vamos começar a festejar, porque este meu filho estava morto e tornou a viver, estava perdido e foi encontrado".
E começaram a festa!
Enquanto isso, o filho mais velho estava no campo. Quando voltou, chegou perto da casa e ouviu a música e o barulho da dança, chamou um empregado e perguntou-lhe: Que é isso? O empregado respondeu-lhe: Seu irmão voltou para casa vivo e com saúde, por isso seu pai mandou matar um bezerro gordo".
O filho mais velho ficou zangado e não quis entrar. Então o Pai saiu para fora e insistiu que entrasse. Mas ele respondeu: Faz tantos anos que trabalho como um escravo para o senhor, e nunca desobedeci a uma ordem sua. Mesmo assim, o senhor nunca me deu ao menos um cabrito para eu fazer uma festa com meus amigos. Porém, esse seu filho desperdiçou tudo o que era do senhor, gastando com mulheres perdidas. E ele agora volta, e o senhor manda matar um bezerro gordo?
Então o Pai respondeu: Meu filho, você está sempre comigo, e não aprendeu nada, pois tudo que é meu é seu. Mas era preciso fazer esta festa, para mostrar a nossa alegria. Porque esse seu irmão estava morto e tornou a viver, estava perdido e foi encontrado!"
Meus queridos, analisai bem esta parábola, pois o filho mais velho, ao qual o Mestre se refere, representa discípulos e dirigentes espiritualistas, que se acham perfeitos por sempre servir ao Pai, desmerecendo os nossos irmãos que vêm na busca e que estavam perdidos. Nós temos que recebê-los de braços abertos e com muita alegria, sem julgar o que fizeram de errado. Guardai o exemplo que nos dá El Morya, na personalidade de William Shakespeare: "Quereis aproximar-vos da natureza dos deuses? Aproximai-vos deles, sendo misericordiosos. A doce misericórdia é a verdadeira insígnia da nobreza". Como estaríeis vós, caso Ele, que está no ápice do julgamento, vos julgasse pelo que sois?
Oh! Pensai nisso, e a Misericórdia soprará para dentro de vossos lábios, fazendo de vós um novo homem.
Meus amados discípulos, procurai ver as virtudes em todos vós, e os erros, procurai mostrar para os vossos irmãos sem que os outros saibam, para que não haja comentários.
Peço a cada um de vós estudar o Haja Luz, pois eu vejo muitos discípulos balançarem por não se conscientizarem da Força que nós

da Grande Fraternidade Branca colocamos em suas mãos, utilizai a Divina Presença EU SOU que está em cada um de vós. O Divino Mestre nos dá tantos exemplos: "Ponde em primeiro lugar as coisas do Pai que todas as outras coisas vos serão dadas. Orai e Vigiai, sede manso como uma pomba, mas sede vigilantes como uma serpente".

Por isso o discípulo, muitas vezes, que está passando por problemas financeiros, não tem que pensar: "Deus quer assim, ou isto é meu carma". Deus não quer miséria, quer abundância, mas nós não podemos ficar sentados esperando que tudo caia do céu.

Pois, quando a coisa está mal, devemos parar, refletir e meditar, lutando e procurando outros caminhos. E como, o discípulo, quase sempre está com problemas espirituais, tem que parar e refletir sobre o que está errado. Usai o que Jesus nos ensinou nos decretos "Eu Sou a Ressurreição e a Vida. Eu Sou o Caminho, a Verdade e a Vida. Eu Sou a Porta Aberta que nenhum homem pode fechar. Eu e o Pai somos Um".

Meus amados irmãos, o discípulo tem que ter a verdadeira alegria de viver, as tribulações do dia-a-dia não devem lhe afetar, pois ele é o modelo para nós, como o Cristo nos diz: "Vós sois Luz" e deve ser modelo para todos os que vierem ao Santuário em busca de apoio e de muito amor. Eu vos peço desculpa pela forma tão direta com que vos falei.

EU serei sempre vosso amoroso Guru, Amigo e Servo, amparando-vos em vosso individual e grupal esforço para a libertação de toda vida prisioneira.

Mestre do Cajado

Meus amados discípulos e irmãos, hoje vós comemorais o Dia dos Namorados, e eu, devido às minhas próprias experiências durante várias encarnações, e muito antes de minha ascensão na Luz, aprendi a fazer sobressair e expandir a irradiação do amor — a chama localizada no centro do Santo-Ser-Crístico (no coração físico) de várias Emanações de Vida ainda não ascensionadas, facilitando a esta Chama ou Chispa Divina expressar os seus latentes dons, talentos, força e bênção através da personalidade externa. Por isso, o amor de um casal tem como dever expandir-se, envolvendo a todos que vivem à sua volta, tornando-se verdadeiro exemplo, para transformarem-se em eternos namorados. Por isso, amados discípulos, vós tendes o dever de serdes exemplos, perante vossas famílias e a sociedade.

Em completo silêncio, praticava este "Serviço Prestado" para aquelas pessoas que, com sinceridade, desejavam evoluir espiritualmente, que desprender-se-ão e libertar-se-ão por meio do Amor, e não obedecer por obrigação, do apego, avareza, ódio e adultério. Como Jesus dá o exemplo na parábola do moço rico, eu sempre o fazia sob a orientação de meu Amado Guru, o complemento Divino Caridade.

Os frutos de meu trabalho evidenciaram-se através daquelas pessoas que, harmoniosamente, expressaram a obediência absoluta ante à Santa Vontade de Deus, à qual eu estava, determinadamente, pronta a servir.

Meus caríssimos discípulos, isentos de qualquer vaidade sobre seus dons e talentos espirituais, podereis alegrar seus conterrâneos na obediência à Santa Vontade de Deus, que abre a porta à solução de todos os problemas.

Desta maneira, os discípulos especializaram-se em expandir seu "Serviço Prestado" dentro de um maior raio de influência.

Meus amados, segui o exemplo que o Mestre Jesus nos dá, quando ele concluiu esta parábola: "Libertai-vos das coisas terrenas, pois tudo aquilo que ligardes na Terra será ligado no céu". Pois amar, sincera e livremente, uma vida que se encontre prisioneira de seus próprios vícios e idéias preconcebidas, a ponto de não ver nada além de seu modo de pensar e agir, é a maior alegria que os prestimosos discípulos poderão vivenciar.

A eficácia de tal "Serviço Prestado" e sua ininterrupta irradiação do atributo do amor são determinados pela abnegação, humildade e trabalho silencioso do discípulo, que deve executar sua tarefa dentro de sigilo absoluto, assim os frutos de seu trabalho se manifestam visivelmente.

Meus amados, alegrai-vos, espiritualmente, por essa obra edificante, porém, jamais comente algo sobre vosso trabalho, pressionados pelo "eu" presunçoso e vaidoso. Sabei que sois apenas "instrumentos" por meio dos quais a Santa Vontade de Deus se manifesta, conforme a vossa obediência, expressando-se através de vós e também através de outras pessoas que se esforçam para executá-la.

Nunca lamenteis. Não existe o acaso.

Que o discernimento encontre morada em vossos corações.

EU SOU vossa Amiga e Irmã que muito vos ama.

Mestra Ascensionada Nada

Meus amados discípulos e irmãos, eu tenho a honra de vos falar do discípulo do século, um modelo para cada um de vós que iniciastes este longo caminho, a grande alma de Mahatma Gandhi. Esse Mestre, de todos os idealistas e pacificadores, manteve-se durante toda a sua ação e missão na vida terrena, de acordo com seus mais sublimes princípios éticos e religiosos.

Tal se vejam em sua afirmação, que nos evoca a liberdade, a justiça social e a paz, qual seja: "De acordo com a natureza dos fins, deve ser a natureza dos meios".

Jamais foi um guerreiro ou um subversivo (ante os valores da dignidade humana), se não que postulou pela independência de seu país, pelos atos e princípios de resistência pacífica, de defesa dos direitos inalienáveis do ser humano e a autonomia de pensamentos, profissionalismo, alimentação adequada e pela acima de tudo, instrução dos jovens, possibilitando exprimir seus talentos interiores em prol de uma Índia renovadora e autônoma. Foi como ele deixou nesta frase registrado até hoje: "As maiores violências que existem em nosso planeta são a fome, a miséria e a ignorância".

Utilizando, para isto a paciência oriental, o desejo de manifestar a consciência e os conhecimentos típicos do povo indiano. Buscou também a unidade e a fraternidade entre os povos de outras nações, ainda que, por enquanto, haja fronteiras e não se tenha vencido a exploração selvagem e violenta dos homens sobre os homens. Seu maior sonho era a unificação de todos os países, para que os países mais ricos pudessem ajudar os mais pobres, uma vez que todo o dinheiro que é gasto com materiais bélicos, em nosso planeta, seria destinado aos materiais agrícolas, para termos alimentação suficiente para todos, à saúde e à educação, acabando de vez a exploração dos países ricos sobre os países pobres.

Porém, sua limitação corpórea não o deixou gratificar-se com a liberdade e vitória de seu programa de Trabalho e de Amor Cósmico.

Foi liquidado o homem, mas aqueles que o eliminaram de entre os vivos não sabem que sua semente germinou por todas as regiões do planeta, sobre todas as comunidades religiosas, idealistas, pacifistas e filantrópicas, como um verdadeiro modelo para toda humanidade.

E hoje em dia, os movimentos pacificadores levantam suas bandeiras e unem-se em prol da concretização dos eternos ideais de seu espírito. Mata-se um homem, mas é impossível matar suas idéias.

E esperamos que o Amor e a Dignidade, tão bem representados por Gandhi, possam acender a chama da consciência libertária e ponham fim aos desejos egoísticos dos homens vulgares que, por sua dialética e persuasão, alçam-se aos mais elevados e proeminentes cargos na direção dos destinos do planeta.

E ele disse uma vez: "Melhor seria se o mundo ouvisse os iniciadores".

Vivenciastes os grandes acontecimentos mundiais, que nestas últimas décadas se desenrolaram na face da Terra. Inúmeras pessoas foram arrancadas, repentinamente, do comodismo de seu viver, como aconteceu com Gandhi, que tinha se formado na Inglaterra e iria trabalhar em seu escritório na Índia, mas ao ver seu povo ser escravizado, largou tudo para o auxiliar. E como essas pessoas se rebelam para construir uma existência nova, mais bela, espiritualmente, do que os valores materiais que acreditavam perdidos, mas serviram como experiência! No viver de um discípulo também, deveria ser assim: menos apego no sentido material e mais interesse na esfera espiritual.

Meus amados, vossa consciência deveria estar voltada às obrigações que assumistes antes de serdes discípulos. Antes de reencarnartes vós vos oferecestes e afirmareis isso diante dos vossos avalistas e padrinhos. Se não tivésseis feito um juramento, para auxiliar a Grande Hierarquia Espiritual, não estaríeis aqui neste Santuário, cada um em seu posto avançado, pois ficai sabendo que não foi o dirigente deste Templo que vos escolheu, fostes vós mesmos que o fizestes. Por isso o discípulo tem de ser atuante, mas ainda a maioria não se conscientizou da sua responsabilidade. Em primeiro lugar colocais as coisas materiais, principalmente coisas que vós poderíeis fazer no fim de semana. Mas é preciso participar dos cerimoniais e auxiliar os irmãos que têm necessidades. Gostaria que cada um de vós se conscientizasse e imaginasse como seria o que Gandhi fez ao entregar totalmente sua vida pelo próximo, isto é, pelo verdadeiro Amor. Foi com essa finalidade que recebestes a encarnação atual, para desenvolver o Amor. Se não o fizerdes nesta, tereis que voltar, isto se vos for permitido. Jamais descuidai da poderosa irradiação do Fogo Violeta e usai-o a todo momento. Dai ênfase aos carmas que ficaram para trás; sublimai-os e evitai gerar novos carmas negativos.

Dai a cada coisa apenas o seu devido valor. Permiti pelo menos, que o grande objetivo de vossas vidas seja o de conseguir forças suficientes para defender a idéia de construir uma existência tendo o Amor como principal referência, assim como fez Gandhi, que não fez nada por obrigação e construiu toda sua obra com base no amor.

O amor nunca falha, e a vida não falhará enquanto houver amor. É isto que Gandhi nos mostra que em todas as coisas criadas o amor está presente, porque ele permanece, enquanto todas as coisas acabam.

O amor está aqui, existe em nós agora, neste momento. Não é algo que nos venha a ser dado depois de morrermos. Ao contrário, teremos pouquíssimas chances de aprender sobre ele quando estivermos velhos, se não o buscarmos e o praticarmos agora.

Meus caríssimos, meditai sobre esta mensagem, e neste período que está aberto o Templo Solar do Amor, do nosso Mestre Lord Maitreya, vamos vibrar a Energia do Amor, principalmente para as famílias, pois para termos um país forte, temos que ter famílias espiritualizadas.

Para finalizar, eu gostaria que todos guardassem esta frase de Gandhi: "O homem que atinge a plenitude do Amor, neutraliza o ódio de milhões".

Meus amados discípulos e irmãos, eu vos abençôo em nome da Grande Fraternidade Branca. Pensai em mim e incontinenti estarei ao vosso lado.

Mestre do Cajado

Meus amados discípulos e irmãos, hoje eu tenho a grande honra de mandar esta mensagem, e vos falo de quando ainda estava em vosso meio, pois sempre amei Jesus, e nas paredes de barro de minha pequena choupana, coloquei uma estampa em branco e preto de Jesus Cristo, sob a qual estava escrito: "Ele é Nossa Paz". Mas alguns irmãos hindus vieram me acusar de ser secretamente Cristão, e me diziam: "Vós não sois Cristão", e eu respondi: "Eu sou cristão, hindu, mulçumano, judeu e budista", porque Deus é de todas as religiões, e o que devemos é amar acima de tudo. Desse modo aprendi com Jesus a ser tolerante e de espírito aberto, e hoje vos falo de um dos maiores atributos do amor, que é a tolerância.

Meus queridos, "o amor não se exaspera". Somos inclinados a julgar a intolerância como um defeito de família, uma característica da personalidade, uma distorção da natureza, quando na verdade deveríamos considerá-la uma verdadeira falha do nosso caráter. Tal questão vou citar, na análise que faço do Amor pela tolerância. E o Evangelho, também cita em muitas passagens, a intolerância como elemento mais destruidor da nossa maneira de agir.

O que mais me impressiona é que a intolerância e o preconceito estão sempre presentes na vida das pessoas que se julgam espiritualistas, virtuosas. Geralmente são a grande mancha numa personalidade que tinha tudo para ser gentil e nobre. Conhecemos muitas pessoas que são quase perfeitas, mas que, de repente, acham que estão certas em alguma coisa e perdem a cabeça por pouca coisa, a maioria das vezes por mesquinhez.

Esta suposta boa relação entre a virtude e a intolerância é um dos mais tristes problemas de vós e de toda a sociedade.

Meus caríssimos, na verdade, existem dois tipos de pecado: pecados do corpo e pecados do espírito. E Jesus nos mostra estes dois pecados na parábola do Filho Pródigo, que abandona sua família e sai pelo mundo, enquanto o irmão mais velho fica junto ao pai. Depois de muitas desgraças, o Filho Pródigo resolve voltar, e o Pai dá uma grande festa em sua homenagem. Ao saber disso, o irmão mais velho revolta-se contra o Pai: "— Não fiquei aqui sempre ao seu lado este tempo todo, trabalhando, enquanto ele gastava sua herança?", pergunta.

Podemos perceber que o Filho Pródigo comete o primeiro tipo de pecado, enquanto o irmão, o segundo. Se perguntarmos à sociedade qual dos dois pecados é mais grave, provavelmente vos diria o primeiro, mas Jesus nos dá o grande alerta, nesta passagem, quando diz: "Àquele que tem conhecimento muito mais será cobrado do que aquele que não o tem". Assim nos mostra que nossos irmãos leigos, que vivem no vício, no desejo ou na avareza, vivem nas trevas, muitas vezes não têm conhecimento porque não tiveram oportunidade. E para o irmão mais velho, que sempre esteve ao lado do pai (que simboliza o espiritualista), e tem o conhecimento, o Pai fala: "Tu estiveste sempre ao meu lado e não aprendeste nada". Aí está o segundo pecado, que é o mais grave, pois aos olhos do Pai que é só Amor, um pecado contra o Amor é cem vezes pior. Não existe nenhum vício, desejo, avareza, luxúria ou embriaguez, que seja pior que um temperamento intolerante.

Meus amados discípulos e irmãos, prestai muita atenção, pois o intolerante faz tornar a vida amarga, destruir comunidades, acabar com muitas relações, devastar lares, sacudir homens e mulheres de suas bases, tirar toda exuberância da juventude, poder gratuito de produzir miséria, sem concorrentes.

Olhamos o irmão mais velho, correto, trabalhador, paciente e responsável. Vamos dar a ele todo o crédito de suas virtudes. Olhamos para este rapaz, para esta criança que agora se encontra na porta da casa, diante do seu Pai.

"Ele se indignou", nós lemos, "e não queria entrar". Como a atitude do irmão deve ter afetado o Filho Pródigo! E quantos filhos pródigos são mantidos fora do Reino de Deus por causa das pessoas sem amor, que se acham verdadeiros espiritualistas, que garantem estar do lado de dentro! (os que se acham os escolhidos).

Como devia estar o rosto do irmão mais velho ao dizer aquelas palavras? Coberto por uma nuvem de ciúme, raiva, orgulho, crueldade, na certeza de que havia agido sempre direito, sem ter consciência de que sempre agiu por obrigação e por sacrifício, e nunca por amor. É como a maioria das pessoas que se diz espiritualista, verdadeiros religiosos. Determinação, ressentimento e falta de caridade são os ingredientes dessas almas escuras e sem amor. São estes os ingredientes da intolerância e do preconceito.

E eu, que sofri com esse tipo de pressão, como líder de um povo tão oprimido, muitas vezes na vida, sabendo que estes pecados são muitos mais destruidores do que os pecados do corpo. Quando eu disse que poderiam matar o meu corpo, mas não o meu espírito, foi esta a maior lição que aprendi com o Mestre Jesus.

Não falou o próprio Cristo a este respeito, quando disse que as prostitutas e os pecadores entrariam primeiro no Reino dos Céus, na frente dos sábios, rabinos, pastores, líderes espirituais que se dizem puros?

Meus amados, não existe lugar no Reino para os preconceituosos e os intolerantes. Um homem preconceituoso conseguiria tornar o Paraíso insuportável para si e para os outros.

Se o intolerante não renascer, mudando o seu modo de ser, deixando de lado tudo aquilo que julga intocável e certo, ele não pode entrar no Reino dos Céus, terá que reencarnar muitas vezes, até se tornar tolerante, e o caminho é o AMOR.

Meus amados, pensai em mim e incontinenti estarei ao vosso lado. Este Irmão que muito vos ama.

Mahatma Gandhi

Meus amados discípulos e irmãos, hoje vejo a humanidade imersa no sofrimento e na tristeza. Por isso necessitamos de discípulos conscientes de seus deveres, tanto atuantes, na parte espiritual, como também na material.

E o que mais nos entristece é o aumento do consumo de drogas entre jovens, o crescimento do poder dos traficantes e dos que manuseiam a fabricação, formando enormes quadrilhas, que utilizam até a magia negra a fim de convocar mais pessoas para trabalhar para eles, criando verdadeiros cartéis que envolvem todo o planeta.

Por isso, meus irmãos, necessitamos de mais apelos e invocações do Arcanjo Miguel e Astrea, do poder do fogo Azul, e das legiões de Ezequiel e de Saint Germain, do Príncipe Oromasis e do Fogo Violeta, para atuarmos intensamente sobre o planeta, e pedindo também a Chama Dourada, para iluminar os irmãos viciados a largarem as drogas.

Despertai, ó discípulos, e vede e executai o vosso glorioso trabalho. Abandonai a inércia e a indiferença em que viveis imersos e utilizai os vossos poderes.

Saturai o vosso coração de amor pelo próximo e vivei a vida una, procurando trazer os irmãos que estão vivendo no desespero e que querem se recuperar, para poder encaminhá-los em direção à Luz.

Compreendei as grandiosas possibilidades ao vosso alcance e segui a voz do vosso Grande Mestre. Necessitamos de quem possa responder ao Seu apelo. Todos quantos a ele pertencem devem abandonar os seus inúteis anseios, em busca da satisfação de mesquinhos desejos egoístas.

Devei compreender a parte que lhes toca no vosso trabalho, e da vossa responsabilidade, pois fostes vós que aceitastes ser nossos discípulos, em prol daqueles que jazem ainda na escuridão e na ignorância, para ajudá-los a soerguer suas consciências e levá-los à compreensão do excelso poder do bem e à percepção da grande responsabilidade desta Divina Mensagem.

Meus caríssimos discípulos, nós precisamos de vós. Nós todos carecemos de auxílio, para podermos atuar em vosso plano. É como o Divino Mestre nos diz: "Pedi, e vos será dado; Batei e a porta vos será aberta", pois nós da Grande Fraternidade Branca só podemos atuar se vós nos pedir.

Meus amados, Jesus diz no evangelho: "Os Mestres vem séculos após séculos, anos após anos, buscar frutos da figueira e não encontram nada. Como os tempos já estão chegados, e o final deste ciclo já está trazendo a separação do joio e do trigo, é nesta hora que os Mestres vão cortar a figueira que está ocupando o terreno sem produzir nada.

Peço, a vós, fazer uma reflexão se não sois a figueira, que não está dando fruto, mas só ocupando o espaço, sem produzir nada em vossas vidas.

Meus irmãos, refliti bem e pedi ao Pai Divino, que faça os frutos brotarem em nossos corações e de toda humanidade; a centelha do amor, porque o amor é Paz, e onde ele existe não há aflição nem lamentos, por isso vos preparai para não serdes cortados e exilados para um planeta primário, pela vossa ambição de maldade e de todos os demais erros de homens falidos pelos vícios, que vêm alimentando há milênios, colocando em primeiro lugar as coisas materiais, e deixando de lado a vida espiritual.

A senda do discípulo é árdua e espinhosa, porque ele tem, em primeiro lugar, de vencer a si próprio com o domínio absoluto de seus sentimentos, pensamentos e ações, burilando o seu interior para torná-lo límpido como um brilhante, que não deve ter nenhuma jaça.

EU SOU o vosso Mestre, eu vejo através de todos os olhos. Procurai ver-me sempre em toda a parte. Pensai em mim como o poder sempre pronto a vos socorrer e guiar, deste vosso irmão que muito vos Ama.

Mestre do Cajado

Meus amados discípulos, as instruções que chegam, em vosso cérebro físico, mental e sentimental, demonstram ou evidenciam onde a pureza e a abnegação, que fazem parte do caráter de cada um, deverá ser trabalhado e desenvolvido, para que haja purificação, ou seja, a reforma íntima de cada um de nós.

Formaremos através de nós várias pontes, pontes essas que nos permitirão fazer contato com Nossa Divindade, a serviço dos Grandes Mestres. Porém, só poderemos ser essa ponte se desenvolvermos pureza de coração, humildade, amor e disciplina.

Cada discípulo deverá atuar, conscientemente, em seu percurso de evolução, como nos trabalhos do cerimonial.

Devemos nos permitir atuar também conscientemente com a Nossa Divina Presença EU SOU, sabendo que os mentores espirituais de Luz e os Mensageiros participam ao lado de seus discípulos sem incorporação, apenas atuando no plano espiritual.

Nos trabalhos de obsessão serão utilizados sempre, primeiramente, a espada do Arcanjo Miguel e o punhal de Saint Germain, ficando a incorporação restrita, quando a entidade estiver atuando junto com a pessoa obsediada.

A partir da semana que vem em diante, nas terças e quintas-feiras todas as pessoas que vierem ao santuário passarão por uma defumação que será feita na entrada, com incenso de igreja, sendo necessária a chegada dos discípulos, antes da assistência, para a sustentação de energia como também envolvendo cada um na Chama Violeta. Não haverá mais energização na outra sala.

Haverá um discípulo com incenso para energizar e outro com o caderno para anotar o nome das pessoas enfermas, com depressão, ansiedade, ou obsediadas, que virão no sábado.

As pessoas que chegarem ao Santuário pela primeira vez e necessitem falar com o dirigente, devem procurá-lo das 18h30 às 19h20. Será feita, também, uma orientação para aqueles que estão com problemas no corpo mental, no mesmo horário.

Após este horário, o dirigente estará no Santuário para explicar e elucidar sobre o cerimonial.

No sábado, os que precisarem falar com ele serão atendidos das 7h30 às 8h30 horas, sendo o mesmo horário disponível para a orientação.

Após este horário, serão atendidos os que vieram na terça e quinta-feira; primeiro os enfermos, depois os obsediados e, no fim, uma energização para os que vierem ao cerimonial.

Meus irmãos, estas mudanças estão sendo feitas, porque as pessoas estavam vindo só com o intuito de receber a energização, e muitos estavam indo embora, sendo que a outra sala estava se tornando mais importante que o cerimonial.

O trabalho da Grande Fraternidade Branca é emanar energia para todo o planeta para purificá-lo.

É bom que saibeis que, no momento da Consagração do Santo Graal, os discípulos e as pessoas que tiverem algum problema receberão todas as bênçãos de cura, de paz ou de amor, pois na hora que o Espírito Santo derrama o Fogo Sagrado e se vós estiverdes receptivos, tornar-vos-eis agraciados com todas as bênçãos.

O próprio cerimonial estava tendo início mais tarde, e alguns discípulos entravam no Santuário sem preparo algum, muitas vezes com o emocional abalado; agora, porém, vão fazer sua preparação, entrando em silêncio e meditando, com isso haverá muito mais crescimento.

A porta de entrada será fechada às 20h em ponto, não sendo permitido chegar após este horário.

Eu, Mestre do Cajado, mandei esta mensagem pois, se não houver disciplina, não haverá progresso. Que Deus vos abençoe.

Mestre do Cajado

Meus amados discípulos e irmãos, é chegada a hora de uma avaliação em vossas vidas — O que foi alcançado e o que deixou de ser realizado. E por quê?

Porque existe na mente externa do homem a tendência a mascarar seus defeitos como virtudes, e a proteger zelosamente as paixões inferiores. Por exemplo: aquele que mente se julga apenas mais "hábil e astuto" do que seus semelhantes.

O ganancioso, que não hesita em prejudicar os outros alegando que é somente "uma pessoa de ação e sabe aproveitar as oportunidades" o irascível, que com atos e palavras maltrata os que o cercam, sob a alegação de ser impaciente e ter gênio forte; o maledicente, que vive com suas críticas, ódio e rancor, infamando os demais, afirma serem "simples comentários"; os que, por comodismo ou interesse, aceitam situações reprováveis e com elas convivem, costumam alegar: Que fazer? "Hoje em dia é assim mesmo".

Por tudo isso e muito mais, que a falta de espaço não permite enumerar, o homem, por ser indulgente com suas próprias fraquezas, dificilmente se propõe a uma reforma interior, impedindo, conseqüentemente, o término de suas dificuldades materiais, sofrimentos físicos e morais.

A este respeito, o bem amado Mestre Jesus, há dois mil anos, ensinou: "Buscai, pois, em primeiro lugar, o reino de Deus e a Justiça, e todas as outras coisas vos serão dadas de acréscimo".

Por isso, bem amados, eu e a Grande Fraternidade Branca desejamos vossas presenças nos Reinos Internos de Deus, permiti-vos um contato mais amplo do que seria possível em vosso mundo externo.

Sede convictos de que tudo que aprendeis aqui fica registrado em vossa consciência, mesmo que vosso cérebro físico não possa captar, na íntegra, as instruções que recebeis neste momento. Todavia, tudo ficou gravado em vosso conhecimento interno e, se elevardes vossa vibração, tudo virá à tona em vosso cérebro. Para tanto, é imprescindível uma pureza de propósitos. Essas recordações estarão ao vosso dispor, se vossos invólucros inferiores forem suficientemente clarificados, aí sereis iluminados, tendo paz, harmonia, saúde perfeita, sabedoria e prosperidade.

A este respeito o Nazareno nos ensinou.

Que a Paz Divina esteja presente em vossas vidas. Deste Irmão e Amigo que vos Ama.

Mestre Ascensionado El Moria

Meus amados discípulos e irmãos, hoje eu vos falo sobre a Grande Fonte "Eu Sou" e vos relato sobre um grande sábio que deixou, no deserto, sobre uma fonte, uma garrafa velha, que, para jorrar a água dependia que essa garrafa velha fosse utilizada e junto havia um bilhete que dizia: Não beba a água. Primeiro. Embeba a bomba com essa garrafa e você terá tudo o que puder beber depois. E na próxima vez que orar lembre-se de que Deus é a fonte e a bomba de Nossa Divina Presença Eu Sou! Ela tem de ser embebida. Já dei a última moeda uma dúzia de vezes para embeber a bomba de minhas preces, e já dei meus últimos grãos de feijão a um estranho, enquanto dizia Amém.

A Fonte Divina jamais falha para dar uma resposta!

Vós tendes que fixar seu coração no dar, antes de poder receber, é como Jesus, o Nosso Grande Rabi, nos diz: "Eu sou a fonte da água viva, quem beber da minha água nunca mais terá sede".

O que mais se faz imprescindível, hoje, é chamar a atenção da humanidade para a "Grande Fonte Única" que habita em cada um de nós e que nos dará a necessária assistência, sendo esta a "Grande Presença Eu Sou" e a Hoste dos Mestres Ascensionados.

Quando a atenção dos indivíduos estiver fixada ou em sintonia com esta Grande Fonte, propulsora da abertura necessária para a manifestação da Grande Luz Cósmica Eterna, para que flua ao mundo externo, alcançando não apenas a consciência do indivíduo mas também as várias condições em que a humanidade necessite de um reajuste.

É meu desejo que todos os discípulos, que estão sob essa irradiação, sintam sua responsabilidade individual a este respeito, para manterem suas mentes e corpos harmonizados, impregnando assim, em seus pensamentos e ambientes emocionais, a Sabedoria e a Purificação da Poderosa Presença Divina "Eu Sou", "Grande Fonte da Água Viva". Isto facilitará o trabalho de assistência à humanidade, atividade que o externo possivelmente não poderá conceber, devido a sua condição limitada.

Desejo que cada discípulo compreenda e sinta profundamente que os Mestres Ascensionados, e eu mesmo, estamos prontos a dar aos indivíduos toda a assistência que a lei de seu ser permita.

Os discípulos devem permanecer firmes e inabaláveis na Presença até que a criação humana, exterior e ao seu redor, seja dissolvida e consumida. Então, a Ponte de Luz, Sabedoria e Poder da Grande Presença "Eu Sou Fonte Divina" inundará suas mentes, seres e mundo com sua gloriosa irradiação, preenchendo-os e aos seus familiares com aquela harmonia, felicidade e perfeição a que cada coração aspira tão intensamente.

Peço a todos que façam um trabalho refinado, consciente e protetor para o mundo inteiro, a fim de que a Luz Cósmica e a Perfeição Eterna envolvam a Terra, removendo e consumindo toda discórdia. Assim sempre abençoarão pessoas, condições, lugares e coisas, pois esta é a poderosa Atividade Milagrosa que introduzirá a Prosperidade e a Felicidade que todos desejam, já que, enquanto a humanidade se limitar a sua egolatria, viverá na miséria, na doença e no desespero.

Isto, amados meus, é o que significa atrair a vós um poderoso foco dos Mestres Ascensionados.

Somente quando vossa visão interna estiver alerta, para ver e conhecer a Verdadeira Realidade, podereis entender um pouco o conceito da Verdade que acabo de citar.

Meus amados eu, Saint Germain, patrono deste santuário desejo que vossos corações se encham de alegria e que possais laborar pela saúde, pelo sucesso e pela prosperidade.

Que possamos dirigir carinhosamente nossa atenção, emanada de amor e respeito, a todos os que fazem parte da escala evolutiva, em todos os segmentos religiosos, que possamos também aprender a respeitar os nossos mensageiros, irmãos esses que se encontram na busca pela luz, e por isso ainda se apresentam de forma grosseira, como aquele trabalhador que se emanta das vibrações mais densas em prol de nosso alívio e socorro.

Infelizes as seitas e as religiões que criticam e maltratam estes seres, que são nossos irmãos menores, que aguardam a oportunidade de evoluírem na Jornada Espiritual, pois é somente com amor que conseguiremos doutriná-los e orientá-los.

Amados discípulos, procurai sentir, com toda sinceridade, a realidade e as bênçãos infinitas deste trabalho, e que o mundo inteiro possa colher o grande prêmio deste benefício.

As minhas palavras são inadequadas para vos expressar a plenitude de minha gratidão pelo vosso sincero e fatigante esforço.

Vossa faculdade de abençoar e de fazer prosperar aumentará sempre, enquanto vos mantiverdes dentro de vossa poderosa presença divina "Eu Sou", ensinada por Jesus no evangelho como a "Grande Fonte de Água Viva".

Meu amor vos envolve, minha luz vos ilumina e a sabedoria da poderosa presença "Eu Sou" vos faz prosperar na plenitude de toda perfeição.

O amor da poderosa Hoste de Mestres Ascensionados, da Grande Fraternidade Branca e das Legiões de Luz vos envolva para sempre.

"Eu Sou" ... Sinceramente na Luz.

Mestre Ascensionado Saint Germain

Patrono deste Santuário

Meus caríssimos amigos e discípulos, cada dia que passa estamos nos aproximando de uma nova Era, com a entrada da Quarta dimensão ou Quarta iniciação.

Será que vós estais preparados para essa nova vida? Como vosso divino Mestre Jesus de Nazaré nos diz no Evangelho: "Muitos serão chamados, mas poucos escolhidos". Será que vós estais no meio dos escolhidos? Vamos fazer uma reflexão sobre nossa vida — no lar, no trabalho, na família, assim como também o nosso papel na comunidade.

Meus amados, vós precisais fazer isso com urgência!

Sabeis, vós, em que tempo nós vivemos?

É chegada a hora de acordarmos, pois o momento de sermos escolhidos se aproxima, está cada vez mais perto. A noite está terminando e o dia está chegando, por isso devemos parar de fazer o que pertence à escuridão, e iniciarmos o Bom Combate na Luz, mostrando o caminho para os irmãos que ainda não se encontraram, porque vivem em depressão, ansiedade, enfermidades físicas e espirituais.

Devemos, pois, dividir os pães com os que passam necessidade, ou que se encontram sem empregos.

Meus queridos, procurai fazer um grande trabalho levando a palavra, a certeza, a esperança e a fé e esclarecendo os irmãos sobre como utilizarem o Fogo Violeta, privilégio este que antes era concedido e conhecido apenas pelos Avaitares. Hoje a humanidade encontra-se cada vez mais distante do Criador, sendo por meio da misericórdia divina permitido o esclarecimento da utilização do Fogo

Violeta pelos leigos para que possam purificar e transmutar os carmas individuais desta encarnação, e os acúmulos de outras encarnações passadas, assim como os carmas coletivos e planetários resultantes do mau uso que vós fizestes e fazem contra o Reino dos Elementais e o da Natureza, com o desmatamento sem controle, a poluição das águas dos rios, lagos e oceanos, do ar, por meio de queimadas de matas Atlântica e outras, assim como através dos meios de transportes que utilizamos, das indústrias e seus poluentes, das refinarias de petróleo etc. Tudo isso prejudica a qualidade do ar com gás carbônico, destrói a camada de ozônio, que nos protege contra os raios ultravioleta, e acelera o efeito estufa que causa o superaquecimento do planeta que dará início a grandes catástrofes, como erupção de vulcões, terremotos, maremotos, furacões, tufões, ciclones e tempestades.

A hora é de mudança e transição de posicionamento no modo de pensar dos discípulos, assim como de todos os humanos. É chegada a hora.

Haverá, queridos, muitos desajustes, lágrimas e sofrimentos. Mas, meus irmãos e discípulos, esses acontecimentos só visam o Bem da humanidade, que anda às tontas pelas hordas de maldade, com malfeitores e crimes hediondos, e até pela revolta da própria Natureza e dos Elementais, que são a personificação do aspecto materno de Deus.

Torna-se necessário, meus irmãos, que ao ouvir esta mensagem propagai e divulgai seu conteúdo por onde andardes.

Consagrai pelo menos uma vez ao dia uns minutos de silêncio e paz, para fazer os apelos ao Fogo Violeta do nosso Mestre Saint Germain, pois a ele pertence o Cetro do Poder nesta Era da Liberdade, pode ser em vossa própria linguagem em voz audível, invocando a Bondade Divina para que os sofrimentos e as aflições sejam os menores possíveis, e assim possam ser suportados com fé e confiança.

Já que há muito vínhamos alertando sobre a mudança do ciclo e as transformações que adviriam, nós da Grande Fraternidade Branca, junto ao Conselho Cármico, pedimos ao Criador Deus Pai Todo Poderoso, para amenizar tudo o que está para acontecer. Porém, também depende de vós pedirdes que coloquem em vossos corações o Amor Divino, repartindo-o com todo ser vivente, de modo que se transformem os seus interiores pela Fé, para enfrentarem as mutações que surgirão.

Poucos seguem os nossos conselhos.

Nossas mensagens têm sido transmitidas por muitos canais, sendo muitas vezes apenas lidas e não sentidas e meditadas.

As nossas diretrizes para a melhoria dos discípulos e de todo ser humano pouco foram seguidas, e a humanidade a cada dia se afunda ainda mais no lamaçal de suas paixões desenfreadas, de seus erros, de suas cobiças, injustiças e orgulhos descabidos!

Temos nos empenhado para que os acontecimentos fossem e sejam mais suaves e menos agressivos.

Já não podemos mais conter a revolta dos Elementais que, a cada segundo, vêm sendo agredidos pela perversidade do homem.

"Aquele que tem olhos para ver e ouvidos para ouvir" ajuda-nos, porque estará ajudando a si mesmo e a toda humanidade.

Temos sido brandos e suaves durante todo o tempo em que os alertamos mas, eu, Hilarion, com a verdade por lema, não posso enganá-los ou iludi-los.

É chegada a hora! Basta de imperfeições! Crescei em virtudes e ajudai os que necessitam de uma palavra ou de um alerta, ditos com amor e a vontade de ajudar.

Continuarei a auxiliá-los naquilo que me for permitido pelo Pai, pois todos nós da Grande Fraternidade Branca amamos a Terra e todos os seus filhos.

O Amigo e Irmão da verdade que vos ama.

Hilarion

Meus amados discípulos e irmãos, hoje vou falar sobre um dos caminhos para que os discípulos possam atingir a plenitude: a inocência e a sinceridade. As pessoas que mais nos influenciam, mais nos tocam, são aquelas que acreditam no que dizemos. Num ambiente de mútua suspeita, as pessoas se retraem.

Diante da inocência, porém, todos nós crescemos. Encontramos coragem e amizade junto a quem acredita em nós.

Meus caríssimos, quem nos entende pode nos transformar. É muito bom saber que, aqui e ali, ainda existem certos irmãos e irmãs que não ficam ressentidos com o mal, porque sabem a importância do bem que estão fazendo. Estes irmãos cresceram aos olhos dos homens e de Deus. Não temem a inveja ou a indiferença, porque o amor "não se ressente do mal", vêem sempre o lado bom, colocam o melhor de si para funcionar.

Por isso peço a cada discípulo para refletir sobre o assunto em pauta. Iniciai esta mudança interna, pois todo mal que se realiza tem um preço, veja como o Divino Mestre nos diz: "Àquele que tem o conhecimento, muito mais será cobrado que aquele que não o tem", pois vós estais no caminho, e Eu vos digo, de novo, quem Ama é que sai ganhando, embora não procure nenhuma recompensa. Que maravilhosa é a vida daqueles que amam, que estão sempre na luz! Que estímulo, que benção, passar um dia inteiro sem ressentir-se com qualquer mal.

Meus amados, fazer as pessoas confiarem em vós é estar muito perto do amor, e só vamos conseguir isto se confiarmos nas pessoas.

O pouco que os outros podem vos ferir por causa da vossa atitude inocente, não significa nada perto da alegria que vamos passar e sentir diante da vida. Não será necessário carregar pesadas armaduras, incômodos escudos ou armas perigosas. A inocência nos protegerá.

Só podemos ajudar alguém, se nele confiarmos. Pois o respeito pelos outros acaba fazendo com que recuperemos o respeito por nós mesmos.

Se acreditamos que uma pessoa pode melhorar, e esta pessoa sente que a consideramos igual a nós mesmos terá ouvidos para nossas palavras. Acreditará que pode se tornar uma pessoa melhor.

Meus amados discípulos e irmãos, amai o amor! Ao amá-lo, vós vos tornareis como ele. O Amor produz Amor. Colocai uma peça de ferro numa fonte de eletricidade, e levareis um choque. É um processo de indução. Ou colocai perto de um ímã e esta peça também se transformará em um ímã, enquanto estiver ali. Permanecei sempre perto de quem ama, e vós sereis imantados por esse amor. Qualquer irmão que buscar essa causa receberá o seu efeito.

Meus caríssimos, a busca espiritual não existe por um acaso, ou capricho. Ela esta aí devido a uma Lei Natural, ou melhor, Espiritual, porque é uma Lei Divina. Um grande sábio Guru foi procurado pelos pais de um menino que estava quase morrendo. Ao entrar no quarto, colocou a mão na testa da criança e disse: "Filho, Deus te Ama ".

Não disse mais nada e saiu em seguida. O menino levantou-se, chamou os pais, e gritava para todas as pessoas que se encontravam em casa: "Deus me ama! Deus me ama!" A mudança foi completa. A certeza de que Deus o amava lhe deu forças, destruindo o que havia de mal, e permitiu sua transformação e cura.

Da mesma maneira, o amor derrete o mal que existe no coração de um homem, e o transforma em uma nova criatura – paciente, humilde, tolerante, gentil, entregue e sincera.

Meus amados, usai a Lei do Perdão e o Fogo Violeta que tem o poder da Misericórdia, da Liberdade e da Transmutação dos vossos carmas.

Não existe nenhuma outra forma de conseguir amar, e tampouco há qualquer mistério sobre isso. Nós amamos os outros, amamos a nós mesmos, amamos nossos inimigos, porque primeiro fomos amados por Ele (Deus) e o Divino Mestre nos diz : "Eu vos deixo um Novo Mandamento: Amai-vos uns aos outros, como eu vos Amo".

Como sempre, estarei pronto a vos ajudar, como mentor deste grupo que muito amo, basta que me pedis.

Eu Sou Mestre do Cajado

Meus amados discípulos e irmãos, eu, Hilarion, que represento o Raio Verde da verdade e da cura, na personalidade de Paulo, conhecido como "Discípulo dos gentis", quando enviei a carta a Coríntios, na qual disse com toda verdade: "Ainda que eu fale a língua dos homens e dos anjos, se não tiver amor, serei como o bronze que soa, ou como o címbalo que retine. Ainda que eu tenha o dom de profetizar e conheça todos os mistérios e toda a ciência; ainda que eu tenha tamanha fé, a ponto de transportar montanhas, se não tiver amor nada serei. E ainda que eu distribua todos os meus bens entre os pobres e entregue meu próprio corpo para ser queimado, se não tiver amor, nada disso me aproveitará. O amor é paciente, é benigno. O amor não arde em ciúmes, não se ufana, não se ensoberbece, não se conduz inconvenientemente, não procura seus interesses, não se exaspera, não se ressente do mal; não se alegra com a injustiça, mas regozija-se com a Verdade. Tudo sofre, tudo crê, tudo espera, tudo suporta. O amor jamais acaba. Mas, havendo profecias, desaparecerá; havendo línguas, cessará; havendo ciência, passará. Porque em parte conhecemos, e em parte seremos aniquilados. Quando eu era menino, falava como um menino, sentia como um menino. Quando eu cheguei a ser homem, desisti das coisas próprias de menino. Porque agora vemos como em espelho, obscuramente, e então veremos face a face. Agora conheço em parte, e então conhecerei como sou conhecido. Agora, pois, permanecem a Fé, a Esperança e o Amor. Destes três, porém, o maior é o amor."

    Meus queridos, "o Amor não se alegra com a injustiça, mas regozija-se com a verdade".

Aquele que sabe amar, ama a verdade tanto quanto o seu próximo. Alegra-se com a verdade, mas não com a verdade que lhe foi ensinada. Não com a verdade das doutrinas. Nem com a verdade das igrejas. Nem com este ou aquele "ismo". Ele se alegra na verdade. Busca a verdade com uma mente limpa, humilde, sem preconceitos ou intolerância; e acaba ficando satisfeito com o que encontra.

Meus amados, a sinceridade é uma das formas de qualidade do amor. Não estou falando da sinceridade que humilha o próximo, aquela que usa o erro dos outros para mostrar o quanto somos bons. O verdadeiro amor não consiste em expor aos outros a sua fraqueza, mais aceitar tudo, alegrar-se ao ver que as coisas são melhores do que os outros disseram.

Meus caríssimos, o vosso objetivo no mundo é aprender a amar. A vida vos oferece milhares de oportunidades para aprender a amar. Todos vós, em todos os dias de vossa vida, tendes oportunidades de vos oferecerdes como canais, para auxiliar o próximo, amenizando o sofrimento de muitos que vivem no desespero, necessitando de amor. Levai esse amor a todos. A vida não é um longo feriado, mas um constante aprendizado. E a mais importante lição que temos é: aprender a amar e amar cada vez melhor.

O que faz do homem um grande artista, um grande escritor, um grande músico, um grande pintor, um grande médico, um grande psicólogo? Prática. O que faz do homem um grande homem? Prática. Nada mais.

O crescimento espiritual aplica as mesmas leis usadas pelo corpo e pela alma. Se o homem não exercita seu braço jamais terá músculos. Se não exercita sua alma, jamais terá fortaleza de caráter, nem ideais, nem a beleza do crescimento espiritual.

O amor não é um momento de entusiasmo, é preciso uma prática constante.

O que fazia Cristo na carpintaria? Praticava. Embora perfeito, aprendia; todos nós já lemos sobre isso. E assim ele crescia em sabedoria, para Deus e para os homens.

Procurai ver o mundo como um grande aprendizado de amor, e não ficai lutando contra aquilo que acontece em vossa vida. Não reclamar por precisar estar sempre atentos, ser obrigado a viver em ambientes mesquinhos, cruzando com almas pouco desenvolvidas.

Esta foi a maneira que Deus encontrou para vós praticardes.

E não vos assusteis com as tentações. Não vos surpreendeis com o fato de elas estarem sempre à vossa volta, e não se afastarem, apesar de tanto esforço e tanta prece. É desta maneira que Deus trabalha vossa alma. Tudo isto vos está ensinando a ser pacientes, humildes, generosos, entregues, delicados, tolerantes. Não afasteis a mão que esculpe sua imagem, porque esta mão também mostra o vosso caminho.

Estai certos de que vós estais ficando mais belos a cada minuto que passa; e, embora não percebais, dificuldades e tentações são as ferramentas utilizadas por Deus.

Lembrai-vos das palavras de um Grande Guru: "O talento se desenvolve na solidão; o caráter no rio da vida".

O talento se desenvolve na solidão: a prece, a Fé, a meditação, a visão clara da vida. Mas o caráter só pode crescer se fizermos parte do mundo. Porque é no mundo que aprendemos a amar.

É é com este amor que eu amo a todos os irmãos da Terra e a tudo que ela possui, onde quer que haja vida, porque a Vida é DEUS.

EU SOU o amigo e irmão pronto a vos ajudar.

Mestre Ascensionado Hilarion

Meus amados discípulos e irmãos, "Pedi e recebereis; Procurai, e achareis; Batei, e abrir-se-á ", assim disse o Mestre e prosseguiu, confirmando esta grande verdade cósmica: "Pois todo aquele que pede, receberá; quem procura, achará; e a quem bater, abrir-se-lhe-á."

Mais uma vez Jesus nos ensina uma lei eterna e infalível, baseada na polaridade de todas as coisas. É necessário que o homem peça, procure, bata — Mas para que possa fluir a Graça de Deus, é necessário que cada um de vós deixeis o Cristo manifestar em vossos corações, assim fará com que Deus possa fluir para dentro da vacuidade do homem. Não há, nem jamais poderá haver, um pedir, um procurar, um bater tão poderoso, que sendo feito com o amor universal, não receba a "Graça".

Meus amados, se alguém alega que não necessita pedir nada a Deus, porque Deus já sabe perfeitamente do que ele precisa, mostra que não compreendeu a razão deste "pedir". Não pedimos para lembrar a Deus o que, porventura, tenha esquecido, mas sim para criá-lo dentro de nós. O objeto do "pedir" não é Deus, mas sim o próprio homem. A graça de Deus está sempre presente ao homem, mas nem sempre o homem está em condições de recebê-la. O pedir, o procurar e o bater fazem com que também o homem se torne presente a Deus, que sempre está presente ao homem. Quem se acha em plena luz solar, de olhos fechados, não vê a luz, embora presente; mas se abrir os olhos, verá a luz solar que sempre esteve presente. O pedir, o procurar, o bater são como que um abrir de olhos à Luz de Deus. Torna favorável a disposição desfavorável do homem — e onde quer que haja disposição favorável, a graça de Deus atua poderosamente.

Meus queridos, o universo foi criado pela palavra de Deus. Foi o poder da palavra divina que gerou tudo o que existe sobre a Terra, e vós que sois a última criação do Pai, à sua imagem e semelhança, segui o que o nosso Divino Mestre diz: "Pedi e vos será dado". Mas no entanto, meus irmãos, quantos humanos usam a sua palavra para abençoar, salvar ou consolar? Muito poucos, na proporção de toda a humanidade. A porta só se abrirá para aquele que sabe pedir e que vive no amor universal; embora a palavra tenha sido concedida para o bem, milhares de irmãos a usam para maldizer, amaldiçoar, criticar, envenenar mentes, mentir, caluniar e injuriar. Como Deus pode realizar os seus pedidos, se eles mesmos se afastaram do Criador?

Se todos soubessem o valor da palavra emitida ou pensada, sentir-se-iam horrorizados pelos significados hediondos que as más palavras formam e se aglomeram em energias negativas, seguindo a lei que rege os Planos Etéreos, ou o espaço, isto é, a atração dos semelhantes.

O pensamento é uma força poderosíssima e, assim sendo, a palavra falada, pensada ou escrita, produz um som que se engloba em todo contexto do universo, de acordo com o sentimento de quem emitiu. Por isso, antes de pedir por meio do verbo ao Pai, temos que analisar muito bem o que vamos pedir, e quando usarmos a palavra emitida, com mágoa, rancor ou ódio, por estarmos nervosos, imediatamente parar e refletir, e dizer com muito Amor e Arrependimento: "Pai, Perdoai pelo mau uso que fiz de tua Energia".

Meus irmãos e discípulos, vigiai-vos no impulso de criardes palavras carregadas de ódio, de ofensas, de críticas, de maldade ou de hipocrisia. Procurai encontrar em seu interior, em seu coração, a ternura do amor, da compaixão, da caridade e da fraternidade, pois quando pedirdes ao Pai Celestial, as portas serão abertas, e recebereis tudo aquilo que precisardes. Substitui a palavra ofensiva pelo silêncio ou um sorriso, emitindo luz em vez de trevas, energia positiva em vez de negativa. Assim, estareis ajudando para que a Terra e todos os seus habitantes se beneficiem do Poder da Palavra que cria e gera luz, englobando-se à energia positiva do Bem que estamos lutando e trabalhando para sustentar, com todo o nosso amor, para evitar o caos. Por isso o grande cuidado de pedir, para poderdes receber.

Espero que atendeis ao meu pedido e, assim o fazendo, ireis ajudar a vós mesmos, a todos os seres humanos e a toda Criação Divina.
Pensem em mim que eu vos ajudarei.

O irmão que muito vos Ama
Mestre do Cajado

Meus amados discípulos e irmãos, mais uma Páscoa se aproxima, e a maioria dos irmãos não sabe o seu grande significado. A Páscoa, para o verdadeiro espiritualista, é uma Nova Vida, é a Liberdade Total do ser humano das amarras das reencarnações, atingindo o ápice da evolução neste planeta, que é o prêmio da Ressurreição, na qual o Cristo se mostrou a toda humanidade.

Os dias e noites que sucedem sem que vós, meus amados irmãos, se dêem conta de que o momento da decisão já há muito chegou, e que a separação do joio e do trigo já vem-se manifestando.

Aqueles que têm a percepção e atenção despertadas à Chama da Ressurreição podem constatar este fato pelas mortes físicas em massa, quer em desastres, catástrofes de enchentes, nevascas, furacões, terremotos, o efeito estufa, que foi criado por vós mesmos, pois é grande a agressão sobre a natureza, o desmatamento desvairado, a poluição dos rios, lagos e oceanos.

A nossa missão ao enviar esta mensagem singela, foi de despertar a Chama da Ressurreição na vossa consciência. É o que mais valioso existe em cada ser humano, o "Ser Divino" que lhe dá a vida e que vem, há incontável tempo, tentando sobressair-se, sufocado pelos erros e delitos, e aparecer acima dos defeitos de cada um, facilitando e dando a oportunidade, de uma maneira substancial, no equilíbrio da balança entre o bem e o mal.

Meus amados, a Chama da Ressurreição põe em movimento uma acelerada vibração de efeitos benéficos, irradiando-se através das células do corpo, facilitando ao homem elevar-se de sua autocriada limitação e, assim, poder livrar a Luz Interna de todas as trevas. O homem sempre espera do exterior ajuda, conselhos, amor, auxílio e curas. No entanto, está dentro dele a Força da Ressurreição, que, apesar de adormecida, pode realizar seus desejos.

Como sempre, quando chega a primavera em nosso hemisfério e a natureza desperta, atuam as Forças da Chama da Ressurreição, dando novo impulso ao desenvolvimento generalizado no Reino da natureza vegetal e na vida em geral. Deste modo, cada ser humano recebe, por meio desta força incentivadora e renovadora, novo estímulo para sua evolução, caso se empenhe em assimilá-la, permitindo que ela extravase através dele.

"Eu Sou a Ressurreição e a Vida". O Mestre Ascensionado Jesus está sempre e sempre apontando o poder Divino de "EU SOU" nos corações que é o desenvolvimento da Força da Ressurreição que está adormecida em seus corações. Seu poder vos dará conselhos, amor, iluminação, curas, prosperidade e tudo que almejais. "EU SOU" a Luz do Mundo; e aquele que me segue terá a Luz da Vida e nunca andará na escuridão. (João – cap. 8- vers. 12 a 20)

O Mestre Jesus nos diz constantemente: "Eu reconhecia o Pai em mim como sendo o Poder que realizava todos os aparentes milagres. Foi assim que procurei mostrar aos homens o caminho para que pudessem participar, de forma natural, da faculdade e energia divinas existentes em seu íntimo. Cada indivíduo, cedo ou tarde, precisa reconhecer a presença EU SOU, que vem a ser a Chama da Ressurreição, a sua própria força vital. O homem necessita deste conhecimento místico antes que possa ser, por seu próprio esforço, um representante do Pai junto a seu próximo. Quem encontrar Deus em seu semelhante poderá regozijar-se pelo desdobramento da Chama da Ressurreição Divina. Achar Deus em si — que é o propósito da encarnação — representa o caminho de retorno às dádivas, paz e força, que vêm de forma natural, como a decorrência deste conhecimento divino.

Desejareis, talvez, fazer perguntas sobre o fato de existirem tantos males no mundo, se somos realmente um desdobramento de Deus – a presença divina EU SOU. Isso acontece porque vos foi concedido o livre-arbítrio. Tereis que desenvolver agora o poder da Chama da Ressurreição, assim como Jesus, e escolher o que desejais criar, então as condições de vida que aspirais virão a vós, puras e perfeitas. Sois os depositários desse poder divino. Isto significa que algum dia tereis de prestar contas de vossos atos. As boas ações praticadas, os pensamentos e os sentimentos elevados possuem força positiva e constituem os círculos de luz que chamais de "Corpo Causal". Mas se manchardes a energia divina com vossos erros, cometereis uma infração grave. O Fogo Violeta, porém, é o recurso divino à vossa disposição, para consumir todas as criações delituosas, para que vós possais atingir a Ressurreição como eu e todos os Mestres da Grande Fraternidade Branca.

Eu sei que as sementes custam a germinar, quando caídas em terreno estéril, mas creio que se não for aqui na Terra, elas germinarão qualquer quer que seja o paradeiro dos infratores das Leis Divinas, pois a Vida é eterna e o Nosso Pai possui muitas moradas e espera o retorno de todos os seus filhos.

Ao terminar esta mensagem, apenas eu vos peço para meditardes acerca do seu conteúdo, procurando vivenciar os conceitos emitidos sobre a Força da Chama da Ressurreição e transmitindo-os aos que parecessem necessitados de tais ensinamentos. Agradeço-vos a atenção, ainda que momentânea, às minhas palavras, conselhos emitidos e as preces sugeridas. Um dia, em um futuro, por certo tudo isto fluirá em vossas mentes, já então mais amadurecidas e sofridas e, qual uma semente, brotará em vossos corações a Chama da Ressurreição, o desejo de viverdes uma vida sadia e pura, sem os erros tão comuns mas que muito pesam no cômputo do Conselho Cármico.

Meus amados discípulos e irmãos, eu ouso, ainda mais uma vez, pedir-vos: Orai e Vigiai, para não cairdes em tentação. Modificai vossa conduta perante toda a vida nesta quaresma que antecede os preparativos da Páscoa de Jesus. Refleti e meditai, fazendo com que o Amor Impessoal suplante todos os defeitos e, assim, o ser humano irá se transformando em "O Homem à Imagem de Cristo ".

EU SOU a Ressurreição e a Vida, em Nome de Jesus Cristo, eu vos abençôo e estou sempre pronto ao vosso chamado como Mestre e Guru deste grupo.

Mestre do Cajado

Meus amados discípulos e irmãos, eu, João Evangelista tenho a honra de vos falar o que vivi com o Divino Mestre Jesus, ao longo da estrada pedregosa por onde passou, pelas cidades e aldeias, onde ele foi o grande exemplo de amor e humildade. O mestre concitava os seus ouvintes a serem bons, apontava-lhes os tesouros do Céu e a todos garantia o auxílio desse Deus Invisível, cujo amparo se estende aos pássaros e aos lírios dos campos.

Após seu admirável Sermão da Montanha, para demonstrar a ação de suas palavras, cura um leproso que, prostrado a seus pés, o adora, dizendo: "Senhor, se quiseres, bem me podes tornar limpo!".

Na sua viagem para Cafarnaum, um centurião aproxima-se dele e lhe diz: "Eu não sou digno que entreis em minha casa, peço-lhe a cura do meu criado".

Neste momento Jesus pediu às Milícias Celestiais, e de longe o doente se restabeleceu.

Chegando à cidade de Cafarnaum, entra na casa de Pedro e encontra de cama, presa duma febre maligna, a sogra deste. Imediatamente, ao toque de suas mãos compassivas, a pobre irmã se ergue.

Estava Jesus com seus discípulos numa barca no Mar da Galiléia, quando a tempestade se desencadeava, o vento soprava rijo e as ondas se escapelavam. Os discípulos, tomados de pavor, apelaram ao Mestre, e a uma palavra sua os ventos cessam e o mar se acalma.

Chegando à outra margem, ele expele uma legião de espíritos malignos que obsidiavam um pobre homem.

Ao sair novamente da terra dos gandareses para voltar a Cafarnaum, uns homens se aproximam do Nazareno, levando-lhe um paralítico que jazia em um leito. O doente recebe o perdão de suas faltas e, curado, rende Graças a Deus.

Jairo, um chefe da sinagoga, sabendo dos grandes prodígios operados por Jesus, corre ao seu encontro e pede-lhe para libertar sua filha da morte. Enquanto Jesus caminha para a casa de Jairo, uma mulher que sofria, havia doze anos, de uma moléstia incurável, toca-lhe a túnica e sara. Chegado o Mestre à casa do fariseu, livra a mocinha das garras da morte.

Eis que Jesus sai da casa de Jairo, e um cego corre atrás do Mestre, clamando: " Filho de Davi, tem misericórdia de mim". Seus olhos se abrem e ele sai a divulgar, na Galiléia, as grandes coisas que o Senhor fez.

Neste mesmo instante, um grupo de homens traz ao Divino Mestre um mudo endemoninhado. Jesus expulsa o Espírito maligno e o mudo recupera a fala.

E à proporção que as Graças eram dadas, a multidão crescia a Palavra de Deus. Enquanto isso, Jesus andava por toda a parte anunciando a todos o Reino de Deus: contava parábolas, fazia comparações e, sob forma de alegoria, transfundia nas almas a Vontade suprema para que todos, removendo obstáculos, pudessem, com o auxílio Divino, libertar-se dos sofrimentos acabrunhadores por que passavam, e até hoje esses exemplos estão vivos e são colocados para que a humanidade possa mudar enquanto é tempo.

A nossa missão, ao vos enviar estas mensagens singelas, foi a de despertar a vossa consciência e o que de mais valioso existe em cada ser humano — o SER DIVINO que lhes dá a vida e que vem, há incontável tempo, tentando sobressair-se, sufocado pelos erros e delitos, e aparecer acima dos defeitos de cada um, facilitando e dando a oportunidade de uma melhoria substancial no equilíbrio da balança entre o bem e o mal.

Eu sei que as sementes custam a germinar, quando caídas em terreno estéril, mas CREIO que, se não for aqui na Terra, elas germinarão qualquer quer que seja o paradeiro dos infratores das Leis Divinas, pois a Vida é Eterna e o Nosso Pai possui muitas moradas e espera o retorno de todos os seus filhos!

Ao terminar a série de mensagens deste livro, por nós Mestres da Grande Fraternidade Branca, sinto apenas que tão poucos tivessem podido lê-las várias vezes, meditado sobre o seu conteúdo, procurando vivenciar os conceitos emitidos sobre a Verdade Divina e transmitindo-os aos que parecessem necessitados de tais ensinamentos. Agradeço-vos a atenção, ainda que momentânea, às palavras e conselhos emitidos e as preces sugeridas. Um dia, em um futuro indeterminado, por certo tudo isto fluirá em vossas mentes, já, então, mais amadurecidas e sofridas e, qual uma semente, brotarão em seus corações a vontade da perfeição e o desejo de viverem uma vida sadia e pura, sem erros tão comuns, mas que muito pesam no cômputo do Conselho Cármico.

Meus irmãos, eu ouso ainda, mais uma vez, pedir-vos: "Vigiai e orai para não cairdes em tentação". Modificai a sua conduta perante a vida, fazendo com que o Amor Impessoal suplante todos os defeitos e, assim, o ser humano irá se transformando em "O Homem à Imagem de seu Criador".

Com todo o meu AMOR, espero pelo chamamento de todos os Meus Irmãos da Terra. Invocai, pois eu sou o amigo de todas as horas.

João Evangelista

A única demonstração necessária: A presença de DEUS

"Não andeis demasiadamente inquietos, nem com aquilo que precisais para alimentar a vossa vida, nem com o que precisais para vestir o vosso corpo. Porque vosso PAI, que está no céu, sabe que tendes necessidade de todas essas coisas..." (Mateus : 6 – 25 e 32).

Meus irmãos, tenho a honra de mandar mais esta mensagem. Este é o princípio de toda a demonstração de nossa vida que deve ser fundada.

O Pai diz no Evangelho: "Filho, estarei sempre contigo, e tudo o que eu tenho é teu – Sim, tudo o que eu sou, tu és". Não obstante, desta natureza de, toda esta quantidade e qualidade, nós poderemos demonstrar exteriormente somente de acordo com o grau de realização que podemos alcançar.

Quando Moisés conduziu o povo hebraico fora do Egito, ensinaram-nos que ele era guiado por uma coluna de nuvem durante o dia e uma coluna de fogo à noite.

Estou certo de que Moisés nunca pensou em demonstrar tais coisas. O que Moisés sempre sonhou foi com a presença de Deus. Ele sabia, que aonde quer que ele fosse, Deus estaria ao seu lado. Quando ele viu o povo com fome no deserto, percebeu que era preciso a ação de Deus. Então ele se fez presente por Moisés e apareceu como Maná caindo pelo céu. Pensou Moisés no Maná, ou pensou somente na realização da Presença de Deus? Não realizou ele: "Onde eu estou, tu estás. Onde tu estás, eu estou. Porque eu sou o que eu sou. Nós Somos um".

O nosso Divino Mestre não demonstrou pães e peixes para a multidão, mas o que realmente fez foi olhar ao céu e reconhecer a Presença do Pai , Deus, e esse reconhecimento apareceu como pães e peixes. Porque isto era a carência do momento. Jesus disse : "Eu de mim mesmo nada posso fazer... O Pai que habita em mim é quem faz as obras".

Meus queridos irmãos e irmãs, vós podeis ver que Deus, o nosso "Eu Sou" se manifesta em todos os iluminados, pois eles viviam na certeza da Presença de Deus, como São Paulo Apóstolo diz nos atos: "Eu vivo, já não eu mas, o Cristo que vive em mim".

Meus queridos discípulos, nesta época da quaresma vamos refletir sobre a Nossa Mudança e termos mais fé, amor e tolerância, pois a presença de Deus é paz, saúde, segurança, a presença "Eu Sou" é alimento, roupas, vestimentas, moradia, transporte. Deus não dá estas coisas. Deus é estas coisas, e no silêncio Deus manifesta-se como própria Vida em nós, a própria Luz do Caminho, como a própria Vida do nosso Ser, Harmonia Infinita, Abundância Infinita, Totalidade Infinita.

Meus irmãos, vós podeis ver pelos relatos, que todos os iluminados só atingiram esse grau quando eles viviam a própria Divina Presença "Eu Sou".

Meus irmãos, Deus é isto e tudo que se pode saber. Deus porém, não é poder nem tão pouco Deus é um poder acima de alguma coisa, exceto no sentido de que é a atividade criativa, a substância, e a Lei que se dobra mantém e sustenta sua criação, mas nunca é um poder sobre alguma coisa. Pois "Eu Sou" Onipresente, Onisciente e Onipotente.

Pensai bem no assunto em pauta e aquele que tiver ouvidos para ouvir e olhos para ver, volte-se para o seu interior "Eu Sou" e procure o caminho reto, em direção ao Pai Supremo, enquanto ainda veste a roupagem física.

Em todas as horas, eu sou o amigo e irmão que muito os ama.

Irmão do Cajado

Meus amados discípulos e irmãos, hoje eu vos falo sobre a humildade.

A humildade não é uma regra em si, pois não se presta apenas àquele que a pratica voluntariamente. Ela é, entretanto, uma característica indispensável à toda humanidade. Ela faz parte da própria natureza do que é a Inocência e a mansuetude.

Apesar da humildade não estar desenvolvida em vossas regras, ela é, certamente, essencial. Mas ninguém a adquire com a prática. Poderemos cultivar a verdade e o amor, mas cultivar a humildade é cultivar a hipocrisia.

Não devemos confundir, aqui, humildade com boas maneiras. Um homem pode inclinar-se diante de outro, tendo o coração cheio de ódio contra ele. Não é isso humildade, mas malícia.

Um homem pode, ainda, repetir em nome de Deus ou dizer orações, durante todo o dia, e comportar-se como um casto entre os homens, mas se no fundo do seu coração ele for egoísta, não será humilde e sim hipócrita.

O humilde não tem consciência de sua humildade.

É possível medir a verdade e outras coisas semelhantes, mas não a humildade.

Mas a humildade inata jamais fica escondida e, portanto, seu possuidor não a percebe.

A história de um sábio Guru nos fornece, disto, um bom exemplo: "A humildade é compreendida por aquele que a possui, como um nada". Desde que se imagine ser alguma coisa, será egoísmo. Se aquele se sentir orgulhoso disto, tais regras perdem seu valor, senão todo o valor.

O homem que se orgulha de sua virtude se torna um flagelo ao próximo. Este não entende a sua virtude e dela não tira nenhum proveito.

Um pouco de reflexão será suficiente para não persuadir que todas as criaturas não são nada mais além que um simples átomo no universo.

Nossa existência, como seres encarnados, é efêmera. Que são cem anos diante da eternidade?

Mas se transformarmos em migalhas o egoísmo e nos juntarmos ao oceano da humildade, seremos uma parcela de sua dignidade.

Sentir que somos alguma coisa é criar uma barreira diante de Deus. Cessar de sentir que somos alguma coisa é estar com Deus.

Uma gota d'água no oceano faz parte da imensidão, apesar de não estar consciente disto, está contida e à imensidão ela pertence, mas se ela evapora quando tem vida independente deste oceano, não exageramos ao dizer que a vida na Terra não é mais que uma bolha.

Uma vida consagrada a servir deve ser uma vida de humildade.

A verdadeira humildade exige uma consagração inteira à serviço da humanidade — o mais árduo esforço, a maior constância de Deus está sempre em ação, sem um instante de repouso. Se queremos servi-lo ou chegarmos até ele, nossa atitude deve ser infatigável tanto quanto a Sua. A gota d'água que se separa do oceano pode encontrar repouso momentaneamente, mas a que está no oceano não conhece descanso. O mesmo acontece conosco. Desde que nos juntemos ao oceano (Deus), não mais teremos repouso, e não mais teremos desejos.

Meus caríssimos, tenho por objetivo a amizade com o mundo inteiro. Quero unir o maior amor à mais firme oposição ao mal, pois o amor é a força mais poderosa que possui o mundo, entretanto, ela é a mais humilde que se possa imaginar.

Guardai este lembrete que humildemente vos transmito: "O homem que atinge a plenitude do Amor neutraliza o ódio de milhões". Que DEUS vos Abençoe.

Mahatma Gandhi

Meus caríssimos discípulos, gostaria de expressar, nesta reunião, tudo o que estou sentindo, em meu nome Manoel. Quantas vezes, por muitos motivos, não era para eu vir ao Santuário, muitas vezes, também, por displicência e cansaço, mas imaginai vós como eu vos decepcionaria, não vir e também não avisar. Eu gostaria que cada um dos discípulos se colocasse em meu lugar, pois os Mestres da Grande Fraternidade Branca não nos obrigaram a iniciar como discípulos. Fomos nós que escolhemos este caminho, que é de grande responsabilidade, e alguns quando iniciam são os primeiros a chegar, estão sempre prontos a ajudar, com alegria. Mas com o passar do tempo, começam a chegar atrasados e a faltarem sem avisar.

Muitas vezes, nas terças e quintas-feiras, forma-se fila no corredor e eu, às vezes, estou com apenas um ou dois discípulos iniciantes me ajudando. Procuro estar aqui sempre a partir das 18h15 às 18h30, por isso peço novamente àqueles, que possam chegar no mínimo às 19h, para poderem me ajudar, pois cada dia que passa acumulam-se mais trabalhos para mim, já que a maioria das pessoas que vem pela primeira vez, vem pela necessidade, e quando esses irmãos necessitam de uma palavra amiga, eu, na maioria das vezes, não posso dar toda assistência. É por isso que necessitamos de discípulos que possam levar uma palavra amiga.

Eu, freqüentemente, vejo como uns discípulos são diferentes uns com os outros. Muitas vezes sinto que alguns vacilam no seu dia-a-dia, vindo com pensamentos distantes de tudo aquilo que os Mestres vêm nos ensinar. Mas eu não vim aqui para julgar, mas sim para auxiliar, e muitos discípulos já me disseram que não poderiam estar na sala da cura, pois não estão preparados, que muitos não merecem ser discípulos. Mas todos que iniciam agora são obrigados a estudar o Haja Luz, e este livro trará ao discípulo esforçado uma grande Luz de conhecimento. Agora, eu não posso obrigar alguém à fazer alguma coisa.

E o nosso Mestre Jesus não escolheu doutores, professores da lei para serem seus discípulos, mas sim, simples pescadores, e mesmo assim, um ainda o traiu. Mas Ele nos avisou: "Muitos são chamados, mas poucos os escolhidos". El Morya, como William Shakespeare, disse: "Quereis aproximar-vos da natureza dos deuses? Aproximai-vos deles, sendo misericordiosos. A doce misericórdia é a verdadeira insígnia da nobreza. Como estaríeis vós, caso Ele, que está no ápice do julgamento, vos julgasse pelo que sois? Oh! Pensai nisso e a misericórdia soprará para dentro de vossos lábios, fazendo de vós um novo homem".

Meus irmãos, eu termino fazendo mais um apelo a todos vós: Eu preciso de todos vós, pois todos são importantes e somos todos iguais, com defeitos e virtudes. Por isso eu vos peço, sede atuantes e responsáveis, amando-vos uns aos outros. Se alguém tiver alguma divergência, eu peço que me perdoe, pois não podemos abençoar alguém que tem ressentimento em seu coração, principalmente de um irmão espiritualista.

Peço Perdão se magoei alguém pois não era minha intenção.

Que os Mestres vos abençoem

Meu Muito Obrigado

I - Conclusão

Aos Nossos Mestres:

Como poderíamos escrever este livro contando essas obras, sem os vossos paternais auxílios.

É sinal que este livro, representando os Mestres, longe de construir uma obra de princípios dogmáticos, ou de um credo personalista, não só sob o ponto de vista de doutrina, como também moral, filosófico e psicológico.

De fato não é possível separar seitas de outros fatores da elevação humana: Filosofia, Moral, Psicologia, assim como não podemos compreendê-las sem os fundamentos sólidos, objetivos e subjetivos da Imortalidade.

Como a Grande Fraternidade Branca nos trouxe o Grande Conhecimento do Fogo Violeta, que antes só era conhecido pelos Avaitares, trazido pelo bem amado Mestre Saint Germain, que assumiu o Cetro do Poder nestes dois mil anos da Nova Era Aquariana e todos os seus ensinamentos.

Meus caríssimos, de que valeriam os seus imaginosos ensinamentos, envoltos de tanta doçura, humildade, amor, apelos constantes de amor ao próximo, de amor a Deus, de desprendimento das coisas da Terra, de paciência nas provas, de indulgência para com os que ferem, de perdão, de constante exercício para a perfeição, sem a sobrevivência da Imortalidade?

Dos ensinamentos dos Mestres sobre a Divina Presença EU SOU e a Chispa Divina do Cordão Prateado, que disse entrando em nós e que bate em nossos corações, onde reside a Chama Trina ou, como muitos conhecem, Cristo Interno, que habita em cada coração humano, que forma a eterna Chama que ilumina nossa vida imortal.

O intuito dos Mestres neste livro é, pois, espiritualizar o homem, levá-lo à posse de si mesmo, entoar no seu íntimo um hino à imortalidade, fazer repercutir em sua alma a sublime Energia da Ressurreição, que nos convida para seguirmos as suas reiteradas afirmativas de uma vida infinita.

Não há morte, não há fim. Há a passagem de um estado de inferioridade para um estado de superioridade gradativa, sem os hiatos, sem abismos, sem saltos, sem buscas, porque todos os reinos, elementais e da natureza, e todos os seres vivos em nosso planeta obedecem à mesma Lei da Relatividade (Harmonia), lei justa e eqüitativa, promulgada nos conselhos de Deus! Toda criação goza desta graça, todos os seres dela vivem e se alimentam, nela crescem e progridem, tornam-se adultos no entendimento e, emergindo do instinto, flutuam no oceano luminoso da Inteligência, onde cantam a sua gloriosa vida.

Acreditam os Mestres que esta despretensiosa obra leve aos lares que entrar a Paz, o Amor, a Esperança e a Fé. Que seja ela para os que compulsarem um fardo leve, um jugo suave, onde possam encontrar arrimo, orientação espiritual e psicológica para uma Nova Vida, um consolo a mitigar dores ocultas, uma porta aberta para a Verdade, para o Amor e para a Felicidade!

E que os Mestres nos auxiliem para que alcancemos com facilidade a Graça prometida.

Que DEUS Abençoe a Todos.

II - Conclusão

Após passarmos algum tempo juntos, é chegado o momento de cada um seguir o seu caminho, levando consigo apenas as virtudes que mais próximas estão de si, neste momento de mudança e reflexão.

As virtudes que ainda não entendemos são as que ficarão para um momento seguinte de nossa renovação, pois o amadurecimento não tem um fim em si mesmo, ninguém deve se considerar tão pronto e maduro que não possa algo novo aprender. É como se disséssemos que os idosos não aprendem mais nada, ou que a criança sempre vai ser egocêntrica! Sabemos que não é verdade! Sabemos que a verdade nasce todos os dias, individualmente, para cada um de nós, e isso apenas significa que, como conhecedores e possuidores da mutação, gradativamente nos ajustamos, enquanto Criatura, aos passos de nosso Criador!

Que os passos sejam Firmes... apesar das intempéries!
Que a palavra seja Força... onde por vezes audível não o é.
Que seja Luz... o brilho que cada um emanar ao seu semelhante!

EU SOU LUZ

Sônia Regina

A Deus

Senhor, no silêncio deste dia que amanhece, venho pedir-te a Paz, a Sabedoria e a Força.

Quero olhar hoje o mundo com os olhos cheios de Amor, ser paciente, compreensivo, calmo e prudente, ver além das aparências teus filhos como TU mesmo os vê, e assim, não ver senão o bem de cada um.

Cerra meus ouvidos de toda calúnia.

Guarda minha língua de toda maldade.

Que só de bênçãos se encha o meu espírito.

Que eu seja tão bondoso e alegre que todos, ao se acharem junto a mim, sintam tua presença.

Reveste-me de tua bondade, Senhor, e que, no discurso de minha vida, eu te revele a todos.

Outros Títulos

LUZES DA GRANDE FRATERNIDADE BRANCA
Os Mestres da Sabedoria
Autor: *Michel Coquet*
Formato: 14 x 21 cm
ISBN: 85-7374-035-3 - 232 páginas

Neste livro, o autor percorre o caminho do verdadeiro conhecimento com a seriedade de um discípulo devotado e nos traz uma visão clara, objetiva, digamos até bastante didática, da constituição da Grande Loja Branca.

ESCADA DE CRISTAL
Mensagens Canalizadas de Sananda (Jesus) Ashtar, Arcanjo Miguel e St. Germain
Autor: *Eric Klein*
Formato: 14 x 21 cm
ISBN: 85-7374-055-8 - 184 páginas

Este livro é uma coletânea de um curso proposto e orientado pelo Mestre Sananda (nome cósmico do Mestre Jesus) ao autor, que é canal da Grande Fraternidade Branca.
Um belo livro!

LIVROS LIVROS LIVROS LIVROS LIVROS LIVROS

Sempre o melhor presente!

PROCURE NA SUA LIVRARIA!

A IRMANDADE DOS SETE RAIOS
A Ordem do Sol Revelando
Antigas Civilizações
Autor: *Rodrigo Romo e Carmen Romo*
Formato: 14 x 21 cm
ISBN: 85-7374-091-4 - 208 páginas

Esta é uma das mais valiosas contribuições ao resgate das nossas origens cósmica e planetária, conduzida pelos Mestres e Irmãos Maiores da Ordem do Sol, componentes da Irmandade dos Sete Raios, em estreita ligação com a Fraternidade Branca.

AUTOCURA TÂNTRICA
O Caminho da Iluminação
Autor: *Rosa Maria Rezende*
Formato: 14 x 21 cm
ISBN: 85-7374-060-4 - 256 páginas

Com citações, comentários, exercícios e testes, a autora nos traz o rico Caminho do Meio. Uma jornada que merece ser empreendida, com o auxílio deste texto fascinante.

Cadastre-se em nossa mala-direta e receba catálogos, lista de preços e informações de lançamentos da sua editora MADRAS.

OS GUARDIÕES CELESTIAIS
Há Um Novo Mundo
Esperando Por Você
Autor: *Solara*
Formato: 14 x 21 cm
ISBN: 85-7374-102-3 - 264 páginas

Neste livro, você vai entender melhor o que significa tudo isso, pois ele é um guia prático dentro do inexplorado reino do invisível. Ele é um ponto de entrada para dentro de um novo mapa e o seu passaporte para chegar até lá! Um novo mundo está nascendo. Um belo livro!

MANUAL DE CANALIZAÇÃO
dos 12 Raios e do Disco Solar
Autor: *Doryanah Tamburini*
Formato: 14 x 21 cm
ISBN: 85-7374-053-1 - 224 páginas

Escrito sob orientação de diversos Mestres Iluminados, esta obra vem oferecer um portal para o Conhecimento. Um livro que transportará as pessoas para as informações básicas da iniciação à Luz, para o Autoconhecimento e Meditação, a partir daí, a ativar seus canais.

SETE RAIOS
da Grande Fraternidade Branca
Autor: *R.M. Schepis*
Formato: 14 x 21 cm
ISBN: 85-7374-015-9 - 224 páginas

Possa o leitor extrair o máximo proveito desse volume, pois a intenção da autora e de todos os Mestres que a auxiliaram, é que cada um possa, buscando a sua própria evolução, unir forças pela evolução da Terra.
É esse o propósito maior da Grande Fraternidade Branca.

Procure nas melhores livrarias ou escreva para:

MADRAS EDITORA
Rua Paulo Gonçalves, 88 - Santana
02403-020 - São Paulo - SP
Caixa Postal 12299 - 02098-970 - São Paulo - SP
Tel.: (011) 6959.1127 - Fax: (011) 6959.3090

...ou se você preferir, adquira nossos livros através da *internet*.

http://www.madras.com.br
E-MAIL madras@madras.com.br

MADRAS® Editora — CADASTRO/MALA DIRETA

Envie este cadastro preenchido e passará receber informações dos nossos lançamentos, nas áreas que determinar.

Nome _____
Endereço Residencial _____
Bairro _____ Cidade _____
Estado _____ CEP _____ Fone _____
Sexo ☐ Fem. ☐ Masc. Nascimento _____
Profissão _____ Escolaridade (nível) _____

Você compra livros:
☐ livrarias ☐ feiras ☐ telefone ☐ reembolso postal
☐ outros: _____

Quais os tipos de literatura que você LÊ:
☐ jurídicos ☐ sociologia ☐ romances ☐ técnicos
☐ esotéricos ☐ psicologia ☐ informática ☐ religiosos
☐ outros: _____

Qual sua opinião a respeito desta obra? _____

Indique amigos que gostariam de receber a MALA DIRETA:
Nome _____
Endereço Residencial _____
Bairro _____ CEP _____ Cidade _____

Nome do LIVRO adquirido: *Aprendendo c/ os Mestres*

MADRAS Editora Ltda.
Rua Paulo Gonçalves, 88 - Santana
02403-020 - São Paulo - S.P.
Caixa Postal 12299 - 02098-970 - S.P.
Tel.: (011) 6959.1127 - Fax: (011) 6959.3090

Para receber catálogos, lista de preços
e outras informações escreva para:

MADRAS®
Editora

Rua Paulo Gonçalves, 88 — Santana
02403-020 — São Paulo — S.P.
Tel.: (011) 6959.1127 — Fax: (011) 6959.3090
http://www.madras.com.br